„Unverkennbar deutsch"

Amelie Winther

„Unverkennbar deutsch"

Unser Volk im Urteil der Welt

DSZ

© 2011 DSZ-Verlag GmbH, 81238 München
Alle Rechte bleiben vorbehalten.
Druck: DSZ-Druck GmbH ebenda
Printed in Germany
ISBN 978 - 3 - 925924-37-8

Inhalt

Land, mein Land, wie leb ich tief aus dir!
Löst sich doch kein Hauch von diesen Lungen,
den du nicht vorher und jetzt und hier
erst mit deinem Hauche hast durchdrungen.

Karl Bröger

Die Seele der Völker

Die Seele der Völker

Was ist wirklich wahr? Im Mittelalter trieb der sogenannte Universalienstreit die Gelehrten um. Da standen die Realisten auf der einen Seite, die sagten: Nur Allgemeinheiten, also Gattungen, wenn man so will die „Idee", sind real. Ihnen gegenüber die Nominalisten, für die nur das real ist, was als Einzelding existiert, und alles Allgemeine als Kopfgeburt des Menschen gilt.

Wir gehen tagtäglich mit Menschen um, die wir, wo auch immer wir sie treffen, einwandfrei erkennen, ohne auf forensische Mittel wie Fingerabdruck zurückgreifen zu müssen. Wir brauchen noch nicht einmal ihren Namen wissen, es genügen einige spezifische äußere wie charakterliche Merkmale, die ausreichend genau das Individuum beschreiben. Das funktioniert aber nur, weil wir uns seiner Einmaligkeit völlig bewusst sind.

Können wir das Gleiche über die wuselnden und schwirrenden Bewohner eines Bienenstocks sagen? Egal wie genau wir hinsehen, während die Bienen von einer zur anderen Blüte fliegen, sich hier oder dort niedergelassen haben – wir werden nichts an ihnen klassifizieren können als gewisse allgemeine Merkmale ihrer Art. Obwohl wir wissen, dass auch jedes einzelne Tierchen einzigartig sein muss und keine zwei identisch sind. Trotz besseren Wissens vermögen wir nicht, das Bienenvolk anders als als Universale wahrzunehmen.

Kollektiv und Individuum definieren also die Eckpunkte des oben erwähnten Universalienstreit. Aber: Ist dieser dann, wie die genannten Beispiele nahelegen, nur eine Frage der Distanz? Damit ist nicht immer eine räumliche Entfernung gemeint. Es reicht, wenn wir versuchen, einen wissenschaftlichen, vielleicht ökonomischen, soziologischen oder historischen, philosophischen, Standpunkt einzunehmen.

Zu jeder Zeit hat man von solchen Standpunkten aus auch die Menschen beurteilt, sie als Angehöriger einer Kaste, einer Klasse, eines bestimmten Typus erfasst. Je größer aber dieses kollektivierende Denken gehalten ist, desto mehr verwischen die individuellen Merkmale und es wird das betont, was allgemeine Gültigkeit besitzt – zum Beispiel für ein Volk als verwandtschaftlicher Verbund einzelner Menschen. Dabei sieht uns keine eintönige Anonymität entgegen, sondern ein buntes Programm an Eigenschaften und Wesenszügen.

Einer der ersten, der den Begriff vom „Nationalcharakter" prägte, war der Theologe und Dichter Johann Gottfried Herder. Bei ihm taucht er zum ersten Mal 1764 im Aufsatz „Über den Fleiß in mehreren gelehrten Sprachen" auf. Einmal beantwortete er auch die Frage „Was ist eine Nation":

„Ein großer, ungejäteter Garten voll Kraut und Unkraut. Wer wollte sich dieses Sammelplatzes von Torheiten und Fehlern so wie von Vortrefflichkeiten und Tugenden ohne Unterscheidung annehmen und gegen andre Nationen den Speer brechen?... Offenbar ist die Anlage der Natur, dass wie ein Mensch, so auch ein Geschlecht, also auch ein Volk von und mit dem anderen lerne, bis alle endlich die schwere Lektion gefasst haben: kein Volk ist ein von Gott einzig auserwähltes Volk der Erde; die Wahrheit müsse von allen gesucht, der Garten des gemeinen Besten von allen gebauet werden."

Um aber dem Charakter der Nationen auf die Spur zu kommen, beschäftigte sich Herder nicht nur umfassend mit ihren Sprachen, sondern auch mit ihren Sagen, Mythen und Legenden – und in einem seiner berühmtesten Werke mit den „Stimmen der Völker in ihren Liedern". Denn hier schreibt Herder über den Ursprung dieser volkstümlichen Poesie:

„Woraus sie entsprang? Worin sie lebte? Sie lebte im Ohr des Volks, auf den Lippen und der Harfe lebendiger Sänger: sie sang Geschichte, Begebenheit, Geheimnis, Wunder und Zeichen: sie war die Blume der Eigenheit eines Volks, seiner Sprache und seines Landes, seiner Geschäfte

und Vorurteile, seiner Leidenschaften und Anmaßungen, seiner Musik und Seele."

In den „Ideen zur Philosophie der Geschichte der Menschheit" versucht sich Herder an einer Universaldarstellung der Menschheitsentwicklung, die die Entwicklung der einzelnen Völker einschließen muss, um ganzheitlich zu sein. Dazu gehören auch geistige Faktoren sowie charakterliche Anlagen. In all diesen einzelnen Erscheinungen und Geschehnissen der Weltgeschichte sind die immer lebendigen Kräfte enthalten.

Fichte hat festgestellt, dass im Wesen der „Deutschheit" gelegen ist, den, wie Rudolf Steiner wiedergibt,

„deutschen Geist wirklich als ein Lebendiges zu empfinden und die Gesamtheit des deutschen Wesens, die Einheit des deutschen Geistes als ein Besonderes noch zu erleben neben demjenigen, was sich äußerlich als deutsches Leben zeigt. Die Gesamtheit des deutschen Wesens ist deshalb nicht minder real; sie kann wenigstens für einen jeden vorhanden sein. Daher der Drang des Deutschen, die einzelnen Erscheinungen der Welt im Zusammenhange mit der ganzen Welt- und Menschheitsentwickelung zu betrachten."

Sehen wir uns ein Mosaik aus der Nähe an: Ein bunter Stein steht neben dem anderen, wir erkennen seine Farbe, seine Struktur, seine unmittelbare Umgebung. Aber um einen Gesamteindruck zu gewinnen, müssen wir einige Schritte zurückgehen. Nur aus der Distanz lässt sich das Bild erfassen. Darum mag es kaum seltsam klingen, dass auf der einen Seite selten ein Mensch über die Beschaffenheit des Innersten seines Nächsten ein treffendes Urteil abgeben kann. Sie wissen so wenig von einander Bescheid, obwohl sie sich oft sehen und sprechen. Doch Völker glauben, von einander genaue Meinungen haben zu können, nicht einen Menschen in seiner Individualität vermögen sie einzuschätzen, aber die in einer Gemeinschaft, einer Nation gehäuft vorkommenden Eigenschaften – eben aus der Distanz. So formierte sich im Laufe von Jahrhunderten ethnischen Miteinanders ein Kanon bestimmter Bilder, Stereotypen und Klischees, die die Völker einander zuschrieben.

Völkertafeln

Anfang des 18. Jahrhunderts entstand in der Steiermark ein Ölgemälde, das als „Völkertafel" bis heute einige Berühmtheit genießt. In Wort und Bild hielt hier ein unbekannter Künstler eine „Kurze Beschreibung der in Europa befintlichen Völckern und Ihren Aigenschaften" fest. Zehn Nationen und jeweils siebenzehn ihnen zugesprochene Eigenschaften werden illustriert.

Ein Schmunzeln kann man sich bei der Betrachtung nicht verkneifen, nicht allein der Bilder wegen; vor allem die alte Sprache mutet possierlich an, genauso wie die naiv scheinende Bewertung der Charaktere. Bei manchem repräsentativ ausgewählten Vertreter eines Volkes muss man nach drei Jahrhunderten sprachlicher und orthographischer Entwicklung erst einmal überlegen, wer eigentlich gemeint ist. Spanier und „Frantzoß" sind verständlich, ebenso „Engerländer" und „Teutscher", auch „Unger", „Türk oder Griech'", die zusammengefasst werden, sind noch zu identifizieren, mit etwas Fantasie erkennt man im „Schwöth" den Schweden. Hinter dem „Bölack" verbirgt sich der Pole, der „Wälisch" heißt heute Italiener, und statt „Muskawith" würde man jetzt Russe sagen.

Woher genau die auf der Völkertafel festgehaltenen, oft nicht sehr schmeichelhaften Meinungen über die nationalen (Charakter-)Eigenschaften stammen, ist nicht klar. Manch Forscher geht davon aus, dass es sich um das „Resultat einer (fiktiven) Meinungsumfrage zu Beginn des 18. Jahrhunderts" handeln könnte, die sich auf literarische und fiktionale Vorlagen bezieht. Das war gerade die Zeit gerne gelesener Reiseberichte, die Zeit einer interessierten Lust am Fremden, vor allem am Orientalischen.

Mit Sicherheit ist die Völkertafel nicht als Quelle für historisch gesicherte Tatsachen zu sehen. Vielmehr vermischt sie verschiedene national-ethnische Klischees, Vorurteile und Fantasien mit anderen verfügbaren Typologien, den sieben Todsünden und den vier Temperamenten etwa. Und man darf nicht vergessen, dass die Betrachter ein Publikum waren, das unterhalten werden wollte. Warum also nicht dem Italiener Lüsternheit und Syphilis zuschreiben, ihn mit einem Luchs vergleichen?

Spanier.	Frantzoß.	Wälisch.	Teutscher.	Engerländ
Hochmüttig.	Leichtsinnig.	Hinderhaltig.	Offenhertzig.	Wohl Ge
Wunderbärlich	Holdseelig Und gesprächig	Siferfichtig.	Gantz Gut.	Lieb reiç
Flug un.Weiß.	Fürsichtig.	scharffsinnig.	Witzig.	Unmuthi

Auf ein reizvolles Kunstexperiment ließ sich vor sechs Jahren die Kommunikationsdesignerin Mareike Hölter aus Berlin ein. Anhand privater Meinungsumfragen inszenierte sie in einer Fotostrecke die Europäerin von heute – eine moderne Völkertafel sozusagen. Die Klischees und Stereotypen allerdings bezogen sich mehr auf Äußerlichkeiten und bestimmte Assoziationen, weniger auf Charaktereigenschaften und Gemütsverfassungen. So erhielt die Französin die Merkmale „lange Wimpern, Cancan, Baskenmütze", die Italienerin „Vespa, Urlaub" und mit „temperamentvoll" immerhin ein Eigenschaftswort, so wie die Holländerin neben „Campingwagen, Tulpen" (und der obligatorischen Windmühle) als „liberal" gilt. Die Irin erkennt man auf dem Foto an der Geige, den roten Haaren und der Schafsweide im

Hintergrund, mit ihr in Verbindung werden Pubs, schöne Landschaft und Streitsucht gebracht. Wenig schmeichelhaft ist für die Engländerin, dass man sie sich kategorisch mit einem „Überbiss" vorstellt, dafür aber auch an Shakespeare und Regen denkt. Der deutschen Frau entsprechen „Hausfrauenkittel, Sauerkraut, Genauigkeit". Auf dem dazugehörigen Foto poliert Mareike Hölter als typische Vertreterin dieser Klasse mit Lockenwicklern im Haar einen Mercedesstern.

Das Bild der Deutschen

Das Bild der Deutschen, „von der Parteien Gunst und Hass verwirrt", schwankt in der Geschichte. Überschwängliche Bewunderung, überbordende Ablehnung und sogar feindseliger Hass – die Skala der hervorgerufenen Emotionen ist groß. Und dennoch findet sich auch hier ein gewisser Kanon an Eigenschaften und Charakterzügen, die den Deutschen über die Zeit zuerkannt wurden, mit bald positiver, bald negativer Bewertung.

Sollten in Zeiten von Kriegen und internationalen Konflikten Verleumdungen und Herabsetzungen in der Wahrnehmung des Auslands prägend gewesen sein, ist es jetzt die eigene nationale Bewusstlosigkeit, gar Schmähung und Nestbeschmutzung im Inneren, die unsere Nation zu lähmen droht. Deutschland hat heute keine offenen Feindschaften nach außen zu bekämpfen, Hass wird im Inneren geschürt – gegen das Eigene. Welch verderbliche Entwicklung!

Deshalb will sich der erste Teil des vorliegenden Buches mit Deutschlands Ansehen in der Welt beschäftigen. Beispiele wurden ausgewählt, die die hohe Meinung des Auslands über Deutschland und die Deutschen durch Zeiten bestätigen, die aber auch auf Fehler und Nachteile hinweisen. Wo die Zuneigung gar zu verklärend wirkt, möge man sich folgendes Zitat Friedrich Nietzsches in „Menschliches, Allzumenschliches", zweiter Band, vor Augen halten:

„Die Tugend ist nicht von den Deutschen erfunden. – Goethes Vornehmheit und Neidlosigkeit, Beethovens edle einsiedlerische Resignation, Mozarts Anmut und Grazie des Herzens, Händels unbeugsame Männlichkeit und Freiheit unter dem Gesetz, Bachs getrostes und verklärtes Innenleben, welches nicht einmal nötig hat, auf Glanz und Erfolg zu verzichten, – sind denn dies deutsche Eigenschaften? – Wenn aber nicht, so zeigt es wenigstens, wonach Deutsche streben sollen und was sie erreichen können."

Eine besondere Betrachtung wendet sich dem gegenwärtigen Ansehen Deutschlands in Asien zu. Ein junger Mann, der beinahe eineinhalb der vergangenen zwei Jahre den Kontinent in der Tradition der deutschen Wandervogelbewegung bereist und Land und Leute kennengelernt hat, stellte unserem Buch seinen Erfahrungsbericht zur Verfügung.

Die verschwundenen Völker

Gegenstand des vorliegenden Buches sind darüber hinaus im zweiten großen Teil nationale Klischees und gefestigte Vorstellungen sowie ihre Veränderung über die Jahrhunderte. Es steht zum Beispiel fest, dass der Engländer des britischen Empires mit seinem kolonialen Auftreten nicht mehr dem Engländer des 21. Jahrhunderts entspricht, dessen Volk vor noch gar nicht langer Zeit eine Weltherrschaft eingebüßt hat. Es steht genauso fest, dass der Russe des Zarenreichs nur noch wie ein entfernter Verwandter des Russen von heute scheinen will, den die stürmischen Ereignisse eines verwirrten Jahrhunderts die Seele gekostet haben. Und auch am Franzosen der Gegenwart sind Zeit und Geschichte nicht spurlos vorüber gegangen. Es wird allerdings eine ganze Weile dauern, ehe sich Klischees und typisierende Vorstellungen aus dem kollektiven Gedächtnis verabschiedet haben oder durch neue ersetzt werden.

Aber dennoch, Unterschiede zwischen den Völkern in ihrem Auftreten, ihrem Denken, ihrem nationalen Charakter haben gestern und vorgestern bestanden, wie sie heute und morgen bestehen werden, solange sich der Volksgedanke gegen die nicht wieder gut zu machende Vereinheitlichung unter Zerstörung aller ethnisch-kulturellen Individualität durchsetzen kann.

Man will der Welt weismachen, die Zeit der Nationen sei abgelaufen. Globalisierung und Internationalismus sollen die Worte der Stunde sein. Natürlich, Wirtschaft und moderne Kommunikation lassen die Völker näher zusammenrücken, es gibt Aufgaben und Herausforderung, die nur gemeinsam bewältigt werden sollen und können. Aber: Die Zeit der Nationalstaaten, ist sie wirklich vorbei?

Machen wir eine Rechnung auf: Vor einhundert Jahren gab es weltweit nur eine Handvoll imperial agierender Staaten, die fremde Völker einzugliedern und zu beherrschen suchten. 1945, vor knapp 70 Jahren also, existierten hingegen weltweit schon mehr als 50 Staaten! Vor ungefähr zwanzig Jahren begann der Ostblock zu zerbrechen, weil die Völker nach ihrer Eigenständigkeit strebten. 1991 bemerkte Franjo Tudjman, der erste freigewählte Präsident Kroatiens:

„Im Westen überwiegt der Eindruck, der Kommunismus in Osteuropa wäre einfach zusammengebrochen. Aber in erster Linie hat ihn der Nationalismus gestürzt."

Und heute? Zwei Beispiele für das nationale Streben der Völker: Am 9. Juli erreichte der Süd-Sudan seine Unabhängigkeit, als auseinanderbrach, was nicht zusammengehörte. Am 23. September 2011 beantragten die Palästinenser die Vollmitgliedschaft in der UNO und damit die Anerkennung als 194. Staat der Welt.

Die Moderne gehört also durchaus der nationalen Idee. An dieser Tendenz kann auch die gepredigte und mit Mitteln internationaler Finanz- und Militärgewalt durchgesetzte Globalisierung nichts ändern.

„Die verschwundenen Völker" – das trifft auf Typen der Vergangenheit vielleicht zu, die ihren Platz im „global Village" vergeblich suchen. Der Volksgedanke aber ist weltweit lebendiger denn je. Octavio Paz, mexikanischer Schriftsteller und späterer Literaturnobelpreisträger, sagte

1984 in seiner Rede anlässlich der Verleihung des Friedenspreises des deutschen Buchhandels:

„Der Friede, der dadurch entsteht, dass allen Nationen ein einziger Wille aufgezwungen wird, würde bald zur Einförmigkeit und Wiederholung, Masken der Sterilität entarten. Während die Abschaffung des Staates uns zum ständigen Krieg zwischen den Parteien und Individuen verdammen würde, würde die Gründung eines einzigen Staates auf der Erde zu weltweiter Knechtschaft und zum Tode des Geistes führen. Die Imperien sind zur Zersplitterung verurteilt wie die Orthodoxien und Ideologien zur Spaltung."

Wer sind wir und warum?

Wer sind wir und warum?

Warum wir sind, wie wir sind, hat verschiedene Gründe. Unser Wesen ist beeinflusst, mancher meint sogar determiniert, von den ererbten Eigenschaften, den Umständen unseres Aufwachsens, dem sozialen Milieu, den Zeitkonstellationen. Das Wesen eines Kollektivs, eines Volkes, ist beeinflusst von politischen, historischen, geographischen und genetischen Faktoren, eben der Zusammensetzung seiner Individuen.

Die prägenden Umstände für die Entwicklung Deutschlands und seiner spezifischen Eigenschaften sind sicherlich seine Lage im Zentrum Europas, „dem Erdteil inmitten, einem starken Herzen gleich" (wenn man die österreichische Hymne zitieren möchte), die heterogene Verbindung seiner Stämme, die landschaftliche Vielfalt und Zergliederung, sein geistiges Vermögen, sein mit dem Beginn einer deutschen Staatlichkeit einhergehender europäischer, ja sogar welthistorischer Auftrag. Das alles trug dazu bei, die Grundzüge eines deutschen Wesens herauszubilden. Das alles kann deutsche Charakterzüge – mehr oder weniger gut – erklären.

Typisch deutsch?

Was sind nun also die Haupteigenschaften der Deutschen, wie wir sie uns selbst zugestehen und wie andere sie an uns erkennen? Franz Thierfelder (1896 – 1963), Sprachwissenschaftler, Kulturpolitiker und später Mitbegründer des Goethe-Instituts, hat in den 40er Jahren in einem kleinen Heftchen mit dem Titel „Deutsche" in der von ihm herausgegebenen Reihe „Umgang mit Völkern" einen Katalog deutscher Eigenschaften zusammengestellt, da heißt es unter anderem:

Der Deutsche vertritt die Überzeugung, dass große Entscheidungen des Lebens absolute Entschlossenheit fordern. Wie es Götz von Berlichingen zugeschrieben wird: „Ja soll Ja, Nein soll Nein sein." Entweder – Oder heißt es beim Deutschen, wo andere Völker ein Sowohl-Als-Auch für ratsamer halten mögen. Dem Deutschen gilt der Kompromiss als etwas gering zu Schätzendes, nicht der Ausgleich muss Ziel der Entscheidung sein, sondern die Klarheit. „Er [der Nichtdeutsche] verzichtet lieber auf das volle Recht, wenn er dafür das volle Unrecht vermeiden kann. Der Deutsche will das volle Recht, die volle Wahrheit, selbst auf die Gefahr hin, leer auszugehen", stellt Thierfelder fest.

Deutschlands Zukunft.

Militarismus als Klischee

Daraus ergibt sich, dass der Deutsche im Gegensatz zu orientalischen oder romanischen Völkern die Offenheit mehr schätzt als bloße Höflichkeit. Für ihn besteht die höchste Lebensweisheit nicht darin, möglichst viele Konflikte, notfalls eben durch Liebenswürdigkeit oder sogar Schmeichelei, zu beseitigen, sondern die Wahrheit, auch auf für sich und andere unbequemem Weg, zu erreichen.

Darüberhinaus kennzeichnen eine besondere Arbeitsmoral und -auffassung den Deutschen: Für ihn ist Arbeit keine Strafe, sondern sozusagen Sinn des Lebens. Wie anders hingegen bewerten zum Beispiel die Orientalen die Arbeit! Für sie ist sie nur Zweck zum Lebensunterhalt, einfacher Broterwerb. Wie viele Völker der Welt mögen dem Deutschen nachsagen, er verstünde nicht zu leben, weil ihn sein starres Pflichtbewusstsein aller sinnlichen Reizwahrnehmung beraubt?

Das Militär hat für den Deutschen eine große Bedeutung. Die Gründe hierfür lassen sich sicherlich in seiner Geschichte finden, vielleicht aber auch in seinen seelischen Anlagen, die auf Systematisierung und klare Struktur ausgerichtet sind. Beobachtern von Außen scheint das manchmal als Überbleibsel aus barbarisch-kriegerischen Zeiten, manchmal als „Köpenickiade", wenn sich die Freude an der Uniform in gehorsame, blinde Unterordnung verirrt. Verleumderisch ist die Annahme, das Militär stünde einzig zur Eroberung und Unterdrückung anderer Völker bereit.

Für den Deutschen kommt es auf den Inhalt an, nicht auf die Form. Für romanische Völker verliert ein Inhalt ohne eine ansprechende Darstellung den Reiz und eine geschmackvolle Form kann auch das Unbedeutende erheben. Franz Thierfelder legt in der Folge dieser Beobachtung eine bemerkenswerte These an den Tag:

„Das Streben nach Sachlichkeit, das uns beinahe am auffallendsten von unserer Völkerumwelt unterscheidet, ist vielmehr nichts anderes als der Selbstschutz gegen unsere oft allzu weiche Seele und andererseits die Sehnsucht nach absoluter Gerechtigkeit, die sich ihre Kreise nicht durch unsachliche Erwägungen stören lassen darf."
Daraus erwachsen dem Deutschen zwar Gefahren,
„aber dass der Deutsche die Gefahr nicht scheut, bildet seine Größe, denn der andere Weg, die Sache um der Person und die Person um der Sache willen zu entschuldigen, ist der leichtere Weg. Er führt zum Kompromiss, und so kehren wir zum Ausgangspunkt dieser psychologischen Selbstprüfung zurück."

Schwärmgeist und „Teutonic Thoroughness"

Auf den deutschen Mediziner und Psychologen Willy Hellpach (1877 – 1955) und seine Abhandlung „Der deutsche Charakter" (1954) referieren viele Wissenschaftler und Schriftsteller, die sich dem deutschen Wesen nähern wollen. Zum Beispiel Dean Peabody, Psychologie-Professor am privaten Swarthmore College in Pennsylvania, der sich 1985 mit der Frage beschäftigte, ob verschiedene Nationen verschiedene psychologische Merkmale aufweisen. Er konzentriert sich auf sechs Nationen, zuerst die großen Rivalen des Kalten Krieges, die USA und Russland, daneben Großbritannien, Frankreich, Italien und Deutschland.

Also unternimmt Professor Peabody in seinem Buch auch den Versuch, den deutschen Nationalcharakter herauszukristallisieren und wiederholt Hellpachs Version der sechs grundlegenden deutschen Eigenschaften:

Schaffensdrang, Gründlichkeit, Ordnungsliebe, Formabneigung (im zwischenmenschlichen Umgang, vergleiche auch das Goethe-Zitat aus Faust II: „Im Deutschen lügt man, wenn man höflich ist."), Eigensinn, Schwärmgeist.

Interessant sind die englischen Begriffe, die Peabody zur Übersetzung wählt. Bei einer Rückübersetzung unterscheiden sie sich um Nuancen vom Ursprungsgedanken, auch weil das Englisch keine zusammengesetzten Nomina kennt:

„The urge to work" – wörtlich: der Drang zu arbeiten
„Thoroughness" – im Englischen gibt es die Wendung „with Teutonic thoroughness", mit deutscher Gründlichkeit.

„Love of order" – Peabody bemerkt: Hellpach gebrauche diesen Begriff hauptsächlich für die Akzeptanz gesellschaftlicher Ordnung.

„Rejection of civility, including coarseness and bad manners" – Das Zurückweisen von Höflichkeit (im Sinne von Benimmformeln), einschließlich Derbheit und schlechter Manieren.

„Willfulness" – auch: „Ungehorsam, Disziplinlosigkeit" (für Eigensinn)

„Romanticism" – Romantik; eine gebührende Entsprechung für „Schwärmgeist" gibt es im Englischen nicht.

Trotzdem trifft auch der Begriff „Romantik" den deutschen Kern. Kaum eine andere Epoche wird der deutschen Seele ähnlich gerecht, in kaum einer anderen Geistesbewegung offenbart sie sich deutlicher.

Die deutsche Romantik

Rudolf Steiner (1861 – 1925) hielt am 25. Februar 1915 in Berlin im Rahmen eines Vortragszyklus ein Referat mit dem Titel „Die tragende Kraft des deutschen Geistes". Hier setzt er sich u.a. mit Hermann Grimm (1828 – 1901), dem Sohn des berühmten Märchensammlers Wilhelm Grimm, auseinander, der seinerseits als Kunsthistoriker Bedeutung erlangte. Außerdem gehörte er mit seinen Werken über Schiller und Goethe, Raffael, Dürer oder Michelangelo zu den meistgelesenen Schriftstellern des 19. Jahrhunderts. Steiner attestiert ihm, ein Statthalter der deutschen Seele zu sein:

„Wie er mit allem, was er hervorbrachte, in dem lebte, was – in Goethe sich konzentrierend – als deutsches Wesen, als Wesen in der deutschen Volksseele enthalten war, ... so ist Hermann Grimm in gewisser Beziehung eine repräsentative Persönlichkeit des deutschen Geisteslebens von der zweiten Hälfte des 19. Jahrhunderts."

Und was in diesem Hermann Grimm lebe, sei „die tragende Kraft des deutschen Geistes".

Dazu gehört natürlich auch die Romantik:

„So finden wir, wie an Goethe sich anlehnend, die deutschen Romantiker, gleichsam das alte deutsche Wesen erneuernd, sich vertiefend nicht nur ins Volkslied, sondern in das gesamte deutsche Geisteswesen, um es in sich aufzunehmen und in ihrer Seele zu beleben, um so das, was dem Deutschtum als Ganzes eigen ist, in der eigenen Seele wirken zu lassen. Und dann sehen wir wieder, wie sich die deutsche Entwicklung in den Gebrüdern Grimm inspirieren lässt von dem, was deutsches Wesen in alten Zeiten hervorgebracht hat. Wir sehen, wie die Brüder Grimm zum Volke hinabsteigen und sich die alten Märchen erzählen lassen, um sie zu sammeln. Und was liegt in dieser Sammlung deutscher Märchen, die wirklich so hundertfältige Eindrücke überliefern, die unmittelbar aus dem Volksgemüt herausgenommen sind? Nichts anderes liegt in ihnen als die tragende Kraft des deutschen Geistes!"

Die Romantik feierte die Wiederentdeckung des Mittelalters als Hohe Zeit des Deutschen Reiches, sammelte die ältesten Textzeugen deutscher Geschichte und suchte in den Sagen und Märchen nach der Nationalseele der Deutschen. Die tiefe Innerlichkeit ist dabei natürlich nicht das Kind, sondern die Mutter der Romantik, hier fand sie ihre Ausdrucksform: Waldeinsamkeit – mehr deutsche Romantik geht nicht!

Aber nicht nur auf emotionaler Ebene, sondern auch im wissenschaftlichen Sinn war Deutschland das Herzland der Romantik (die natürlich auch andere Länder, mit nationalspezifischer Prägung, ergriff). In Deutschland wurden nicht nur die frühesten, sondern auch die meisten theoretischen Programme zur Kunst der Romantik verfasst. Sie bauten keine Wolkenkuckucksheime. Sie umfassten das kulturelle Denken des Mittelalters und die Philosophie des deutschen Idealismus, wo Kants Transzendentallehre und Fichtes Wissenschaftsphilosophie mit Schellings Vorstellung „Vom Ich als Prinzip der Philosophie oder über das Unbedingte im menschlichen Wissen" und Hegels Phänomenologie vertreten sind. Darin gründet sich die romantische Forderung nach einer unbedingten Universalität, in der Kunst und Alltag nicht zu trennen sind. Die Poesie sollte fortan die „Lehrerin der Menschheit" sein, ihr zur Seite eine „Mythologie der Vernunft".

Als berühmtester Ausdruck dieser Programmatik ist das 116. Athenäums-Fragment Friedrich Schlegels berühmt geworden:

„Die romantische Poesie ist eine progressive Universalpoesie. Ihre Bestimmung ist nicht bloß, alle getrennten Gattungen der Poesie wieder zu vereinigen und die Poesie mit der Philosophie und Rhetorik in Berührung zu setzen. Sie will und soll auch Poesie und Prosa, Genialität und Kritik, Kunstpoesie und Naturpoesie bald mischen, bald verschmelzen, die Poesie lebendig und gesellig und das Leben und die Gesellschaft poetisch machen, den Witz poetisieren und die Formen der Kunst mit gediegnem Bildungsstoff jeder Art anfüllen und sättigen und durch die Schwingungen des Humors beseelen. Sie umfasst alles, was nur poetisch ist, vom größten wieder mehrere Systeme in sich enthaltenden Systeme der Kunst bis zu dem Seufzer, dem Kuss, den das dichtende Kind aushaucht in kunstlosem Gesang."

Herausragender Vertreter in der romantischen Malerei war Caspar David Friedrich (1774 – 1840). Er, wie die allermeisten Romantiker, war ein glühender Patriot, ein unbedingter Anhänger der deutschen Burschenschaftsbewegung und Verfechter ihrer Ideale von „Ehre, Freiheit, Vaterland". Durch den Austausch mit Ernst Moritz Arndt entstand mit der Schrift „Über Sitte, Mode und Kleidertracht" eine neue Bildsymbolik. Friedrich stellte seine Figuren in „altdeutscher Tracht" dar, die sich an der Dürer-Zeit orientierte und bewusst von französischer Mode abgrenzte. Die „zwei Männer in Betrachtung des Mondes" tragen sie, auch auf dem Bild „Kreidefelsen auf Rügen" ist sie zu sehen, genau wie auf dem programmatischen Gemälde „Wanderer über dem Nebelmeer", das auftaucht, wo immer von deutscher Romantik die Rede ist.

„Ein Plattencover, der Umschlag eines Romans, eine Titelseite des Spiegel, noch eine Platte, ein Plakat, eine Karikatur, ein Gemälde, eine weitere Zeichnung, noch ein Buch, eine Werbung, eine Stern-Titelseite ..." beschreibt Jeanne Desto, eine französische Städteplanerin, die für den Kultursender „arte" als Journalistin arbeitet, im Oktober 2010 die Erscheinungsform dieses berühmten deutschen Gemäldes. Weiter:

„Nach und nach ist das Motiv ins kollektive deutsche Unterbewusstsein gewandert – bis es zu einem Passe-partout-Symbol wurde, dessen man sich bedient, sobald Deutschland seinem Schicksal gegenübersteht, sei es, um die Wiedervereinigung zu beschwören, wie hier mit dem schwarz-rot-goldenen Regenbogen, oder wenn der Wanderer ganz Deutschland personifiziert, das den Erschütterungen seiner Vergangenheit nicht entkommt."

Hajo Kruse, ebenfalls Journalist für „arte", verweist in einem seiner Beiträge auf den Wanderstock als deutsches Symbol. Schließlich ist auch Friedrichs Wanderer im Besitz eines solchen.

Kruse, in Gedanken „Das Wandern ist des Müllers Lust" pfeifend, bemerkt:

„Was singen deutsche Kinder, während die kleinen Franzosen singen ‚Au clair de la lune, mon ami Pierrot'? Sie singen: ‚Hänschen-Klein ging allein, in die weite Welt hinein, Stock und Hut steh'n ihm gut, ist gar wohlgemut.'"

Es sei also auch „kein Wunder", dass in Deutschland einst der Wandervogel gegründet wurde. Und an die Franzosen richtet er sich, wenn er fragt:

„Wissen Sie, dass wir einen Bundespräsidenten gehabt haben, der beim Amtsantritt die Gesellentradition fortsetzte und die gesamte Re-

publik erwandert hat? Das war Karl Carstens und das war 1979. Ja, ich weiß, Sie haben auch einen Präsidenten in Frankreich gehabt, der gerne wanderte, das war François Mitterrand. Da müssen wir allerdings lächeln, wenn Sie uns an seine Gewohnheit erinnern wollen, jedes Jahr an Pfingsten den zugegebenermaßen mächtigen Felsen von Soloutré in seinem Wahlkreis Nièvre zu erklimmen ... Nein, nein, das hat mit echtem Wandern nichts zu tun, mit dem romantischen ‚sich in der Natur ergehen und ergötzen‘, für uns Deutsche ist das Wandern eine echte Seelenmassage."

Thomas Mann: Deutschland und die Deutschen

Der Literaturwissenschaftler Professor Gerhard Schulz, geboren 1928, taxiert in seinem Buch „Romantik: Geschichte und Begriff" zur deutschen Romantik:

„Vor der Welt erscheinen die Deutschen zuweilen als die Erfinder, alleinigen Eigentümer oder zumindest Treuhänder aller Romantik. Den Anspruch haben sie zwar auf der Suche nach nationalkultureller Identität teilweise selbst in Umlauf gesetzt, aber im internationalen Gebrauch ist solche Qualifizierung – falls nicht Touristen-Romantik von Alt-Heidelberg bis Neuschwanstein damit gemeint ist – inzwischen nicht mehr als Kompliment gedacht, sondern eher als Versuch, die Kalamitäten deutscher Geschichte im 20. Jahrhundert historisch zu grundieren oder wohl gar zu erklären."

Einer der ersten, der die Geburt von Hitlers Gewaltherrschaft aus dem Geiste der Romantik erklären wollte (und damit unweigerlich ein ganzes Volk in Kollektivhaft nahm, was er wenig später in seinem offenen Brief „Warum ich nicht nach Deutschland zurückkehre" noch mehr als deutlich gemacht hatte) war Thomas Mann. Keine vier Wochen nach der Stunde Null, als Deutschland absolut in Trümmern lag und den Verlust von Heimat, Gut und Menschenleben zu verarbeiten hatte, wandte sich Thomas Mann am 6. Juni 1945 in der Library of Congress in Washington an sein Publikum. Der Text seiner Rede, die als Begleitessay zum Roman „Doktor Faustus" gilt, erschien noch im selben Jahr beim Berman-Fischer Verlag in Stockholm.

„Die deutsche Romantik, was ist sie anderes als ein Ausdruck jener schönsten deutschen Eigenschaft, der deutschen Innerlichkeit? Viel Sehnsüchtig-Verträumtes, Phantastisch-Geisterhaftes und Tief-Skurriles, auch ein hohes artistisches Raffinement, eine alles überschwebende Ironie verbindet sich mit dem Begriff der Romantik."

Diesen recht liebevollen Worten über die deutscheste aller Epochen, wenn man so will, folgt das Donnergrollen des Exilanten, der von sich selbst behauptete: „Wo ich bin, ist Deutschland", und damit außerhalb seiner Existenz jedwede deutsche Kulturtätigkeit leugnete:

„Aber nicht dies ist eigentlich, woran ich denke, wenn ich von deutscher Romantik spreche. Es ist vielmehr eine gewisse dunkle Mächtigkeit und Frömmigkeit, man könnte auch sagen: Altertümlichkeit der Seele, welche sich den chthonischen, irrationalen und dämonischen Kräften des Lebens nahe fühlt und einer nur vernünftigen Weltbetrachtung und Weltbehandlung die Widersetzlichkeit tieferen Wissens, tieferer Verbundenheit mit dem Heiligen bietet."

Gerade daraus sieht Mann Deutschland und davon ausgehend der Welt Gefahren erwachsen. Denn:

„Die Deutschen sind das Volk der romantischen Gegenrevolution gegen den philosophischen Intellektualismus und Rationalismus der Aufklärung – eines Aufstandes der Musik gegen die Literatur, der Mystik gegen die Klarheit. Die Romantik ist nichts weniger als schwächliche Schwärmerei."

Das „Bedrohliche" daran habe sich dann im Bismarck-Reich gezeigt, nämlich

„die Mischung von robuster Zeitgemäßheit, leistungsfähiger Fortgeschrittenheit und Vergangenheitstraum, der hochtechnisierte Romantizismus. Durch Kriege entstanden kann das unheilige Deutsche Reich preußischer Nation immer nur ein Kriegsreich sein. Als solches hat es, ein Pfahl im Fleische der Welt, gelebt, als solches geht es zugrunde."

Zu Goethes Feststellung, das Klassische sei das Gesunde, das Romantische hingegen das Schwache, konstatiert Mann:

„Eine schmerzliche Aufstellung für den, der die Romantik liebt bis in ihre Sünden und Laster hinein. Aber es ist nicht zu leugnen, dass sie

noch in ihren holdesten, ätherischsten, zugleich volkstümlichsten und sublimen Erscheinungen den Krankheitskeim in sich trägt, wie die Rose den Wurm, dass sie ihrem innersten Wesen nach Verführung ist, und zwar Verführung zum Tode."

Dabei gebe es nicht „ein böses und ein gutes" Deutschland, „sondern nur eins, dem sein Bestes durch Teufelslist zum Bösen ausschlug".

Er schließt seine Rede mit der Aussicht auf die Hoffnung,

„dass zwangsläufig und notgedrungen nach dieser Katastrophe die ersten, versuchenden Schritte geschehen werden in der Richtung auf einen Weltzustand, in dem der nationale Individualismus des 19. Jahrhunderts sich lösen, ja schließlich vergehen wird".

Doch zuvor nimmt er sich in einem nicht aus und fühlt, trotz gewechselter Staatsbürgerschaft, mit seinen Worten „deutscher Tradition nicht treuer" gefolgt sein zu können:

„Der Hang zur Selbstkritik, der oft bis zum Selbstekel, zur Selbstverfluchung ging, ist kerndeutsch, und ewig unbegreiflich wird bleiben, wie ein so zur Selbsterkenntnis angelegtes Volk zugleich den Gedanken der Weltherrschaft fassen konnte."

Deutsche Sprache

Nichts ist einem Volk so sehr zueigen wie seine Sprache, und wo es seine Sprache endgültig aufgibt, ist es verloren. Denn nirgends offenbart sich sein Wesen nachdrücklicher und deutlicher. Josef Weinheber, Sprachvirtuose erster Güte, huldigte ihr, die dem Dichter Existenz und Seele, „Zuflucht in das Herz hinab", und „Vaterland uns Einsamen" bedeutet, in seinem sakralen „Hymnus an die deutsche Sprache":

„Du gibst dem Herrn die Kraft des Befehls
Und Demut dem Sklaven.
Du gibst dem Dunklen Dunkles
Und dem Lichte das Licht.
Du nennst die Erde und den Himmel: deutsch!
Du unverbraucht wie dein Volk!

Du tief wie dein Volk!
Du schwer und spröd' wie dein Volk!
Du wie dein Volk niemals beendet!"

Unvollendete deutsche Sprache, ewig im Werden: Zu einem ähnlichen Schluss kommt der im Elsass geborene Friedensnobelpreisträger Albert Schweitzer, der mit sowohl der französischen wie auch der deutschen Sprache aufgewachsen ist:

„Deutsch ist mir Muttersprache, weil der elsässische Dialekt, in dem ich sprachlich wurzle, deutsch ist.

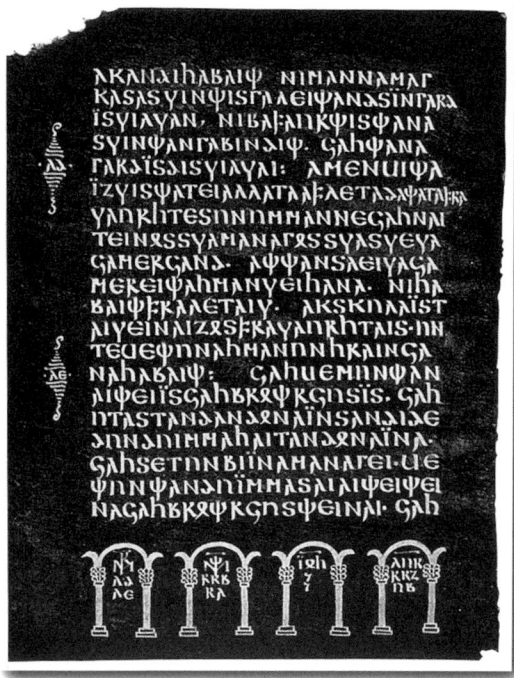

Wulfilas Bibelübersetzung:
Die Anfänge der deutschen Schriftsprache

Den Unterschied zwischen den beiden Sprachen empfinde ich in der Art, als ob ich mich in der französischen auf den wohl gepflegten Wegen eines schönen Parkes erginge, in der deutschen aber mich in einem herrlichen Wald herumtriebe. Aus den Dialekten, mit denen sie Fühlung behalten hat, fließt der deutschen Schriftsprache ständig neues Leben zu. Die französische hat diese Bodenständigkeit verloren. Sie wurzelt in ihrer Literatur. Dadurch ist sie im günstigsten wie im ungünstigsten Sinne des Wortes etwas Fertiges geworden, während die deutsche in demselben Sinne etwas Unfertiges bleibt. Die Vollkommenheit des Französischen besteht darin, einen Gedanken auf die klarste und kürzeste Weise ausdrücken zu können, die des Deutschen darin, ihn in seiner Vielgestaltigkeit hinzustellen."

„Die deutsche Sprache ist die Orgel unter den Sprachen", sagt Jean Paul. Auch der argentinische Schriftsteller Jorge Luis Borges (1899 –

1986) bemerkte einmal: „Die klangvollste Sprache der Welt ist mir die deutsche."

Als 2004 das schönste deutsche Wort gewählt werden sollte, konnte jeder seinen Vorschlag mit einer entsprechenden Begründung einreichen. So gingen insgesamt 22.838 Wörter samt Argumenten aus 111 Ländern beim Veranstalter des Wettbewerbs, dem Deutschen Sprachrat, ein. Eines davon pries den bedeutungtragenden Klang der deutschen Sprache:

„Streicheleinheit: Das Wort suggeriert, dass man so etwas Schönes wie Streicheln messen oder wiegen könnte, weil es dafür eine Maßeinheit gibt: Ich hätte gern 42 Gramm Streicheln – oder doch besser 3 Kubikmeter davon. Ganz im Gegensatz zu diesem eher nüchterntechnischen Begriff steht das Klangbild ,Streicheleinheit' mit seinem dreimaligen Doppelvokal: ei – ei – ei. Wem's da nicht wohlig den Rücken herunterläuft ..."

Gewonnen hat den Wettbewerb übrigens das Wort „Habseligkeiten" mit der (linguistisch leider nicht ganz korrekten, aber volksetymologischen) Begründung:

„Lexikalisch gesehen verbindet das Wort zwei Bereiche unseres Lebens, die entgegengesetzter nicht sein könnten: das höchst weltliche Haben, d. h. den irdischen Besitz, und das höchste und im irdischen Leben unerreichbare Ziel des menschlichen Glücksstrebens: die Seligkeit."

Auf die Plätze wurden „Geborgenheit", „lieben", „Augenblick" und „Rhabarbermarmelade" (wegen des Klangs!) verwiesen. Bei den im Ausland beliebtesten deutschen Wörtern stand „Gemütlichkeit" ganz weit vorne, eben weil es sich in keine andere Sprache übersetzen lässt. Ebenso wie „Fernweh":

„Dieses Wort ist für mich das schönste deutsche Wort, weil es das Wort ist, das ich lebenslang gesucht habe. Bis ich angefangen habe, Deutsch zu lernen, habe ich dieses Gefühl nicht benennen können. Es ist komisch, etwas zu spüren, und kein Wort dafür zu haben."

A propros unübersetzbar: Wenn jemand böswillig anmerkt, dass auch das Wort „Schadenfreude" keine Entsprechung in einer anderen Sprache kenne, möge man mit Goethe antworten:

„Ich finde, Gott sei Dank! kein deutsches Wort, um ‚perfid‘ in seinem ganzen Umfange auszudrücken. Unser armseliges ‚treulos‘ ist ein unschuldiges Kind dagegen. Perfid ist treulos mit Genuss, mit Übermut und Schadenfreude.“

Die Seele des Volkes in seiner Sprache

Im Dezember 1927 veröffentlichte der Wiener Dichter Hugo von Hofmannsthal (1874 – 1929) seinen Aufsatz „Wert und Ehre deutscher Sprache“, der vor dem Hintergrund der Erschließung des Volkscharakters durch die Tür der Sprache volle Aufmerksamkeit verdient.

„Wir haben eine sehr hohe dichterische Sprache und sehr liebliche und ausdrucksstarke Volksdialekte“, schreibt Hofmannsthal, aber dem Deutschen fehle „die mittlere Sprache, die nicht zu hoch, nicht zu niedrig, in der sich die Geselligkeit der Volksglieder untereinander auswirkt“, in der „das einzelne Wort nicht zu wuchtig noch zu grell hervortritt“. Andere Völker könnten darauf verweisen, dass „sich allezeit das Gesicht einer Nation“ auf dieser Sprachebene zusammenfasse.

„Die deutsche Nation aber hat für den Blick der andern kein Gesicht; davon kommt viel Misstrauen, Unruhe, Nichtverstehen, geringe Würdigung, ja sogar Hass und Verachtung; aber das muss getragen werden, da es zum Schicksal gehört.“

In der „mittleren Sprache“, der deutschen Verkehrssprache mit ihren Lastern, ihrer Pedanterie und Affektation, ihrer Eigenbrötlerei und ihrer „Überlust am Annehmen fremder Naturen“ könne man den deutschen Charakter nicht erkennen.

„Wo ist dann die Nation zu finden? Einzig in den hohen Sprachdenkmälern und in den Volksdialekten … Die poetische Sprache der Deutschen vermag in eine sehr erhabene Region aufzusteigen. Dort, wo sie zuhöchst schwebt, in Goethes vorzüglichsten lyrischen Stücken, in Hölderlins letzten Elegien und Hymnen, dort wird sie kaum von einer der neueren Nationen erreicht – vielleicht dass selbst Miltons Flügelschlag dahinter zurückbleibt. Hier wird jenes ‚Griechische‘ der deutschen Sprache wirksam, jenes Äußerste an freier Schönheit …

Hugo von Hofmannsthal

Da ist wirklich das Zauberische erreicht, die Gewalt der Worte und Wort-verbindungen übersteigt alles, was ohne solche Beispiele geahnt werden könnte; die Sprache wirkt hier völlig als geisterhaftes Wunder, wie bei Rembrandt manchmal die Farbe, in Beethovens späten Werken der Ton."
Gegen Ende des Aufsatzes fasst er die erschöpfenden Gedanken:

„Die Sprache ist ein großes Totenreich, unauslotbar tief; darum empfangen wir aus ihr das höchste Leben. Es ist unser zeitloses Schicksal in ihr, und die Übergewalt der Volksgemeinschaft über den Einzelnen.

Unmittelbar schreiten wir durch sie in das Volk hinein, das fühlen wir. Wie wir das erfassen können: die Seele eines Volkes, danach fahnden wir, und Zweifel versehrt uns wieder, ob einem solchen Begriff jemals die Anschauung abzuringen sei. Hier aber, in der Sprache, spricht uns ein Wirkliches an, durchdringt uns bis ins Mark: die Urkraft, daran wir teilhaben."

Die Sprache ist auch das Band, das eine Kulturnation über verschiedene Grenzen hinweg zusammenhält und diesen Zusammenhalt verdeutlicht, auch da, wo Vorstellungen von regionalen Stereotypen Grenzen ziehen, die keinerlei Berechtigung haben.

Über Grenzen hinweg

Dass sprachliche Unterschiede ungeeignet sind, Klischees zwischen Bundesdeutschen und Österreichern zu gestalten, zeigen etliche Beispiele, darunter dieses: Im süd- und westdeutschen Raum, auch in Salzburg, Tirol und Vorarlberg kennt man den Metzger, während dessen Handwerk im Osten Österreichs, in Kärnten, in der Steiermark und Niederösterreich der Fleischhauer oder Fleischhacker ausübt, den man in Norddeutschland verkürzt Fleischer nennt. In Mitteldeutschland und ganz Süddeutschland (inklusive Österreich) benutzt man den Rechen, der ansonsten Harke heißt.

Piefke – das ist laut dem „Wörterbuch der österreichischen Besonderheiten" aus der Duden-Reihe jene abwertende Bezeichnung für „Deutscher, reichsdeutscher Preuße", die ursprünglich den deutschen

Soldaten meinte, heute mehr den kleinbürgerlichen Touristen, „der bei den ‚niedlichen Österreichern' mit seinem Geld prahlt und durch sein lautes, aufdringliches Wesen unangenehm auffällt".

Diese Stereotype-Bezeichnung soll auf den preußischen Militärmusiker Johann Gottfried Piefke (1815 – 1884) zurückgehen, der unter anderem „Preußens Gloria" und den „Königgrätzer Marsch" (nach dem preußischen Sieg im Deutsch-Deutschen Krieg 1866) komponierte, zumindest durch ihn weite Verbreitung erlangt haben. Im Deutsch-Dänischen Krieg 1864, als Preußen und Österreicher Schulter an Schulter fochten, hat Piefke, der Legende nach, bei der Erstürmung der Düppeler Schanzen mit dem Degen dirigierend das Signal zum Angriff gegeben. Fontane besang ihn und seine dreihundert Mann vom Spielmannszug in der Ballade „Der Tag von Düppeln": „Eine Kugel schlägt ein, der Schlamm spritzt um,/ alle dreihundert werden stumm –/ ‚Vorwärts!' donnert der Dirigent,/ Kapellmeister Piefke vom Leibregiment …"

Fremdbezeichnungen, auch abwertende, entstehen häufig aus der unverstandenen Sprache. Das slawische „njemzi" für die Deutschen meint ursprünglich den „Sprachlosen" oder „Stummen", so ähnlich wie sich das Wort „Gringo" vom spanischen Wort für „Griechisch" ableiten soll als sprichwörtliches Beispiel einer unverständlichen Sprache, anhand derer das Andersartige am einfachsten fixiert werden kann. So ist zuweilen in Österreich sogar von der Sprache „Piefkinesisch" zu lesen.

Dass der Österreicher „sich vom Deutschen durch die gemeinsame Sprache" unterscheide, ist eine These, die durchaus zum Wiener Zeitschriftengründer und polemischen Literaten Karl Kraus (1874 – 1936) gepasst hätte. Nur stammt sie nicht von ihm. Gesichert hingegen ist folgende Theorie, die Kraus 1910 in seiner Zeitung „Die Fackel" veröffentlichte:

„Dass der Österreicher gesessen ist, während der Deutsche auch in diesem Zustand nicht müßig war, sondern gesessen hat, bezeichnet den ganzen Unterschied der Temperamente."

Kraus klassifiziert hier eine sprachliche Besonderheit nicht nur als distinktives Kennzeichen zweier Stämme, sondern als „Austriazismus", der aber gar keiner ist. Denn überall im oberdeutschen Gebiet, bis zur „Speyrer Linie", der innerdeutschen dialektalen Sprachgrenze, wird die

Vergangenheitsform von „sitzen", „stehen" und „liegen" sowie anderer Zeitwörter, die eine Körperhaltung meinen, mit dem Hilfsverb „sein" gebildet. Das Mittelhochdeutsche bediente sich daneben auch Formen von „haben". Das Neuhochdeutsche ebnete einen ursprünglichen Bedeutungsunterschied allmählich ein. In Mittel- und Norddeutschland blieb man beim „haben", was dann auch für die deutsche Hochsprache maßgebend wurde. Zulässig ist allerdings beides. Der Schweizer, der Münchner und der Wiener sind also auf dem Marienplatz gestanden, während ein Berliner dort gestanden hat.

Die Sprache hält sich eben weder an Staats- noch Stereotypengrenzen.

Der Verein Deutscher Sprache teilt folgende durchaus überraschende und interessante Fakten über die deutsche Sprache mit:

- *Deutsch gehört zu den drei meistgelernten Sprachen weltweit.*

- *Fast ein Fünftel aller Bücher, die jährlich weltweit herausgegeben werden, erscheint auf Deutsch. Das sind 60 000 Neuerscheinungen.*

- *Es gibt über 700 deutschsprachige Studiengänge außerhalb des deutschen Sprachraumes.*

- *Deutsch ist Amtssprache in Deutschland, Österreich, Schweiz, Liechtenstein, Luxemburg, Belgien und Italien, genießt offiziellen Status in Frankreich und wird in etlichen Sprachinseln Mittel- und Osteuropas gesprochen. Damit ist Deutsch staatliche Amtssprache in mehr Mitgliedsstaaten als jede andere Sprache der EU.*

- *Deutsch wird (Stand: März 2010) in mehr Ländern als je zuvor an öffentlichen Schulen gelehrt, nämlich 119.*

- *Gemessen am Gesamt-Bruttosozialprodukt aller Muttersprachler gehört Deutsch zu den drei meistgesprochenen Sprachen weltweit. Salopp gesagt: Deutschsprecher sind besonders tüchtig.*

- Außerhalb des deutschen Sprachraums werden über 3.000 deutschsprachige Zeitungen, Zeitschriften, Radio- und Fernsehprogramme produziert.

- Mehr als 100 Millionen Menschen außerhalb des deutschen Sprachraums sprechen die deutsche Sprache.

- Deutsch ist die Kultursprache der Welt. In keine andere Sprache wurden so viele Werke der Weltliteratur übersetzt.

Hätten Sie gewusst, daß

- ... die renommierte amerikanische Universität Stanford das deutschsprachige Motto „Die Luft der Freiheit weht" besitzt?

- ... es in Südamerika sogar Indianer gibt, die Plattdeutsch sprechen?

- ... die erste Zeitung der Welt eine deutschsprachige war?

Was denkt Ihr von uns?

Was denkt Ihr von uns?

François Seydoux de Clausonne (1905 – 1981), „Hofpoet der deutsch-französischen Freundschaft und Schönwettermacher" (wie Rolf Lahr, Staatssekretär im Auswärtigen Amt, ihn nannte), war ein guter Kenner Deutschlands und der Deutschen. Zwischen 1933 und 1936 fungierte er als Sekretär in der französischen Botschaft in Berlin, danach war er im französischen Außenministerium Leiter der Deutschland-Abteilung. 1942 schloss er sich der Résistance an. Nach dem Krieg ging er wieder ins französische Außenministerium, diesmal als Zuständiger für Europafragen. 1956 wurde er selbst Botschafter, zuerst in Wien, dann zweimal (1958 – 1962, 1965 – 1970) in Bonn.

Er beschreibt in seinen Lebenserinnerungen „Beiderseits des Rheins" (1975) die geradezu zwanghafte Sorge der Deutschen darüber, was das Ausland wohl von ihnen halte. Anderen Nationen, so der Botschafter, sei das egal. Aber der Deutsche wolle, von Selbstzweifeln geplagt, mit Verbissenheit ständig seinen Ruf verbessern und die Vergangenheit vergessen machen.

Was aber denkt das Ausland tatsächlich über uns? Sehen sie wirklich nur jene zwölf Jahre und den „hässlichen Deutschen", vor dem sich wohl niemand so sehr fürchtet wie wir selbst? Ein Blick hinüber, eine Antwort von dort, kann heilsam sein.

Die Welt liebt Deutschland

Nach dem „Sommermärchen" 2006, das wirklich viel für das deutsche Selbstbewusstsein getan hat, gilt Deutschland als „Fußball-Weltmeister der Herzen". In Bereichen außerhalb der Stadien gilt dies gleichfalls, denn tatsächlich: Deutschland ist generell Weltmeister der Herzen. Die Welt liebt Deutschland. Zumindest, wenn man den regelmäßig erhobenen Umfragen der britischen BBC über die Beliebtheit der verschiedenen Nationen glauben will.

Auch 2011 kamen die meisten, nämlich 62 Prozent, der 29.000 aus 27 Ländern im Auftrag der britischen Medienanstalt befragten Personen zu dem Schluss, dass der globale Einfluss Deutschlands am positivsten zu bewerten sei. Damit hatte die Bundesrepublik ihre Spitzenposition aus dem Vorjahr nicht nur verteidigt, sondern sogar ausgebaut. Das Meinungsforschungsinstituts „Globescan" erklärte:

„Im Bereich des Lebensstils und mit Blick auf seine hochwertigen Produkte hat Deutschland ein sehr erfolgreiches Image, und es schleppt nicht den Ballast von Ländern wie den USA oder China mit sich herum, die kulturell bedingt sehr kontrovers gesehen werden."

Besonders beliebt ist Deutschland in Italien (89 Prozent). Auch die Franzosen sehen Deutschland mit 84 Prozent an der Spitze. Südkorea (82 Prozent), Großbritannien (77 Prozent) und die USA (76 Prozent) bewerten den Einfluss der Bundesrepublik als den positivsten der Welt. Weniger Anerkennung hingegen hegen Indien (37 Prozent) und Pakistan (22 Prozent). Seit 2005 nimmt der „BBC World Service Country Rating Poll" die Umfrage vor und erfasst weltweit Meinungen über den Einfluss von verschiedenen Ländern. Deutschland wurde 2008 erstmals in die jährliche Umfrage einbezogen und führt seither die Liste an. Von der hierzulande so oft mit düsteren Worten beschworenen dunklen Vergangenheit lassen sich die Umfrageteilnehmer offenbar nicht beeindrucken.

Die Fragestellung lautet: Bewerten Sie den Einfluss der folgenden Länder auf die Welt hauptsächlich positiv oder negativ? Insgesamt standen 16 Länder auf der Liste. Der Iran belegte hinter Nordkorea und Pakistan den letzten Platz, Israel kam auf Rang 13.

Land der Ideen

Noch einmal zurück zum „Sommermärchen 2006". Die Welt war zu Gast bei Freunden und durfte sich wundern, mit welcher Selbstverständlichkeit sich die Flaggenfrage nicht mehr als graue Maus in ihr Loch verkroch, sondern auf einer schwarz-rot-goldenen Welle aus dem Fahnenmeer bejubelt wurde. 2008, bei der Fußball-Europameisterschaft, und 2010, erneut Weltmeisterschaft, dasselbe Bild: Schwarz-Rot-Gold, wohin das Auge blickt. Ade Schrebergarten, ade rechtsradikale Ecke, willkommen, Nationalgefühl, in der Mitte der Gesellschaft! Wovor jahrzehntelang linke Kräfte Angst geschürt hatten, dass das Ausland auf einen wiedererwachten deutschen Patriotismus mit Argwohn und Ablehnung reagieren würde, trat nicht ein. Gast und Gastgeber feierten ein Fest der Völker, zu denen sich die deutsche Nation ganz selbstverständlich gesellt hat. Niemand, und die junge Generation schon gar nicht, sah es ein, sich als Deutscher zu irgendetwas zu bekennen als zu seinem Land, so wie es jede andere Nation auch tut.

Claudia Schiffer, deutsches Fräuleinwunder in Paris

„Was noch vor einigen Jahren als Deutschtümelei gerügt worden wäre, funktioniert nun ganz im Gegenteil als Verkaufsargument", stellte der „Focus" fest. Schwarz-Rot-Gold hat seither Hochkonjunktur.

Aber nicht nur im Inneren, auch nach außen zeigte das gelungene Sportfest seine Wirkung. Der „Nation Brands Index", für den anhand einer Online-Umfrage vierteljährlich 20.000 Personen aus 20 Ländern das Image eines Staates bewerten, führte Deutschland vor der WM 2006 auf dem dritten Platz, danach erreichte es den ersten Platz.

Die globale Aufmerksamkeit wurde bestens genutzt, eine geschickte Werbestrategie entwickelt, um Deutschland als Marke auf dem Markt attraktiv zu machen. „Land der Ideen" – das war der Slogan einer Kampagne, in Auftrag gegeben von der Bundesregierung und dem Bundesverband der Deutschen Industrie. „Follow Your Instincts. Invest in Germany" prangte auf großen Plakaten, die das „deutsche Fräuleinwunder" Claudia Schiffer zierte, statt im Evakostüm mit – natürlich – einer schwarz-rot-goldenen Fahne. „Heimat des Vaters der Quantentheorie, der Erfinder des Autos und des MP3-Formats – und des Schöpfers Ihres neuen Produkts?", wendet sich das Model an die potenziellen Investoren. Die Strategie baute darauf, was Werbung erfolgreich macht: Ein Versprechen und ein Produkt, das das Versprechen halten kann. Eine Standortkampagne für Deutschland muss sich in diesem Fall natürlich auf das Attribut berufen, das weltweit mit unserer Nation in Verbindung gebracht wird: Das Land der Dichter und Denker. Und aus ökonomischer Sicht: „Made in Germany". In der Verbindung: „Land der Ideen".

Deutschland kann halten, was es verspricht. 2004, zwei Jahre vor der WM und der groß angelegten Imagekampagne, wurden beim Europäischen Patentamt 23.000 Schutzrechte aus Deutschland angemeldet. Frankreich und Großbritannien kamen mit zusammen 13.000 Patenten auf knapp die Hälfte. Die Zeit der großen Erfindungen ist also lange nicht vorbei.

„Unverkennbar deutsch"

„Man kann die Ideale einer Nation durch Betrachtung ihrer Werbung feststellen", sagte der schottische Schriftsteller Norman Douglas (1868 – 1952) einmal. Man kann aber bei Betrachtung der Werbung noch mehr erfahren, nämlich, welche Klischees über Deutsche bis heute internationale Gültigkeit haben:

Folgende Szenen zu Wagners Walkürenritt: Ein Jagdschloss in verschneiten Wäldern, im Hintergrund ein Bergmassiv, schwenkt die Kamera auf zwei Männer im Schlosshof, der eine auffallend blond, groß, schlank, beide schwarz gekleidet. Den Säbel gezückt, stehen sie einander gegenüber. Im Hintergrund betrachten zwei weitere Herren das Geschehen, zu ihren Füßen Schäferhunde. Der Blonde gewinnt das Duell, mit elegantem Lächeln und schnellen Schrittes verlässt er den Hof. Unter dem Blick einer Frau und zwei blonder Kinder auf dem Balkon steigt er in ein silbernes Auto. Vorbei an einem steinernen Adler, einem jungen Mädchen hoch zu Ross, durch Winterwälder, vorbei an Gartenzwergen und einer Blaskapelle gelangt er schließlich in ein Gasthaus. Hier kredenzt ihm eine blonde Kellnerin im Dirndl zu einem Glas Milch Bratwurst und Sauerkraut. Er beachtet aber nicht deren üppiges Dekolleté, sondern hat nur Augen für sein draußen geparktes Auto mit Berliner Kennzeichen. Im weiteren Verlauf der Fahrt zeigt ein schwarz-weißes Hinweisschild, dass es bis zur deutschen Hauptstadt via Autobahn noch 108 Kilometer sind. Vor dem Brandenburger Tor kommt das Fahrzeug schließlich zu stehen. Der Blonde steigt aus und lächelt zufrieden sein Auto an – einen Citroën C 5. „Unmistakeably German" lautet die Botschaft des Werbespots – „unverkennbar deutsch" – und dann weiter: „* Made in France".

2008 versuchten die französischen Autobauer, ihrer Neuerscheinung durch diese Werbung eben den Anstrich: „Made in Germany" und damit all die positiven Eigenschaften, die einem deutschen Fabrikat anhaften, zu verpassen. Unverkennbar deutsch – das soll sich also auf die Qualität des Autos beziehen, unverkennbar deutsch sollen demnach die Klischees sein, mit denen der Spot spielt. Zum unverkennbar Deutschen gehören also blonde Menschen, scharfe Scheitel, Bratwurst und Sauerkraut, Dirndl, Blasmusik, der Schäferhund, Wagner, das Brandenburger Tor und ein Auto.

Stereotypen in der Werbung sind ein beliebtes Stilmittel: 2005 wurde an der Universität Duisburg-Essen sogar eine Dissertation zugelassen, die sich mit „‚Auto'- Stereotypen? Deutsche, britische und französische Fahrzeugwerbung im Vergleich" beschäftigt. Eine der ersten Erkenntnisse der Doktorandin Astrid Klooth lautet: „Nationale Auto- und Heterostereotypen sind immer noch im Bewusstsein der Europäer vorhanden, zumindest in dem der Werbeagenturen, die versuchen, auch zu Beginn des 21. Jahrhunderts mit positiven Stereotypen den Absatz von Produkten zu steigern."

Und da bedient man sich, wie der Citroën-Spot beweist, gerne einmal der Klischees der Nachbarn – die ihrerseits noch nicht einmal unbedingt positive Assoziationen wecken, einen Zweck jedoch verfolgen: Die Verknüpfung zu „deutsch" soll hergestellt werden. Was bietet sich auch Besseres an, um ein Auto zu verkaufen?

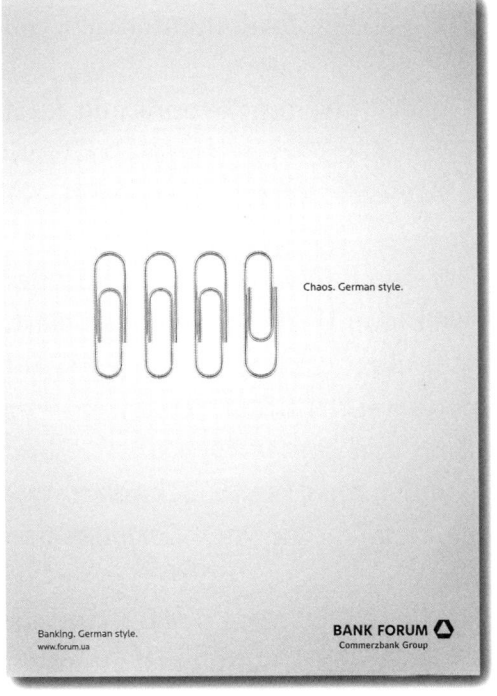

Mit weniger Walkürenritt und Bildgewalt kommt eine Reklame der Commerzbank aus. „Chaos. German Style" ist zu lesen. Zu sehen sind vier Büroklammern, die letzte andersherum als die anderen drei. Das versteht die deutsche Gründlich- und Genauigkeit also unter einem Tohuwabohu. Die Commerzbank will damit Kunden für ihr „Banking. German style." gewinnen.

Die „Germania" des Tacitus

Die „Germania" des Tacitus

Will man feuchtfröhlichen Studentenschwänken Glauben schenken und ihnen nicht unterstellen, dass sie einzig zur Rechtfertigung ausgeprägter Gelage dienen, dann spielte sich die Entstehung der „Germania", jenes einzigartigen ethnographischen Textes über die Altvorderen der Deutschen, wie folgt ab:

„Es saßen die alten Germanen zu beiden Seiten des Rheins, sie saßen auf Bärenhäuten und tranken immer noch eins ..."

Doch bei einem soll es bei den Germanen, wie wohl auch bei ihren studentischen Nachfahren, nicht geblieben sein, im Gegenteil:

„Sie soffen die ganze Nacht",

heißt es in dem Lied weiter, ehe in der zweiten Strophe ein Gast erscheint:

„Da trat in ihre Mitte ein Jüngling römischen Bluts: ‚Grüß Gott, ihr alten Germanen, ich bin der Tacitus'."

Diesseits und jenseits des Rheins ist den barbarischen Zechern der Fremdling durchaus ein Begriff, so weiß das Lied. Was also passiert, wenn ein alter Bekannter eine fröhliche Runde erweitert? Er wird auf einen Humpen Met eingeladen. Die germanischen Gastgeber

„ließen ihn trinken und trinken ein Glas und immer noch eins . . . Und als am anderen Morgen der Römer den Schaden besah, schrieb er mit zitternden Händen in seine ‚Germania': Es saßen die alten Germanen zu beiden Seiten des Rheins ..."

So mag es sich wohl nur in der weinseligen Fantasie der feierfreudigen Studenten abgespielt haben. Es ist in der Forschung umstritten, ob Tacitus überhaupt jemals die undurchdringlichen Wälder der Germanen zwischen Rhein und Weichsel selbst gesehen hat. Dennoch erlaubt er sich eine eingehende Charakteristik der Völker hinter der Nordgrenze des Römischen Reiches, die sich an einer Stelle der Hauptthese des Liedes anschließt:

„Tag und Nacht durchzuzechen, ist für niemanden eine Schande … Über die Aussöhnung mit Feinden, den Abschluss von Heiraten und die Wahl von Stammesoberhäuptern, ja über Krieg und Frieden beraten sie sich vielfach bei Gelagen, als sei der Mensch zu keiner Zeit aufgeschlossener für unverstellte oder stärker entbrannt für erhabene Gedanken. Dieses Volk, ohne Falsch und Trug, offenbart noch stets bei zwanglosem Anlass die Geheimnisse des Herzens; so liegt denn aller Gesinnung unverhüllt und offen da. Am folgenden Tag verhandeln sie nochmals, und beide Zeiten erfüllen ihren Zweck; sie beraten, wenn sie sich nicht zu verstellen wissen; sie beschließen, wenn sie sich nicht irren können.“

Während sie beim Essen durchaus Zurückhaltung üben und sich mit einfacher Kost (*„wildes Obst, frisches Wildbret oder geronnene Milch“*) begnügen, kennt ihre „Sauflust“ (*„als Getränk dient ein Saft aus Gerste oder Weizen, der durch Gärung eine gewissen Ähnlichkeit mit Wein erhält“*) kaum Grenzen. So folgert Tacitus:

„Wollte man ihnen, ihrer Trunksucht nachgebend, verschaffen, soviel sie wollen, so könnte man sie leichter durch ihr Laster als mit Waffen besiegen.“

Manch deutscher Nachfahre war sich des geringen Unterschiedes hierin zwischen ihm und seinen Ahnen und der misslichen Lage, die daraus erwachsen kann, durchaus bewusst. So notierte der französische Journalist Jules Huret (1863 – 1915), der für den „Figaro“ arbeitete und 1911 eine umfangreiche Reportage über Deutschland („En Allemagne“) veröffentlichte:

„ ‚Wenn wir nicht so viel Bier tränken‘, sagte einmal ein junger Deutscher zu mir, ‚wäre Deutschland längst eine Republik.‘ Angesichts der Fortschritte aber, die unsere angeblich schläfrigen Nachbarn trotzdem in den letzten dreißig Jahren gemacht haben, legt man sich voller Schrecken die Frage vor, was sie wohl gemacht hätten, wenn sie nüchtern gewesen wären.“

Aber zurück zu Tacitus. Das Alkoholproblem der Altvorderen war bei weitem nicht das einzige Moment, das Interesse seines römischen

Publikums zu erregen. Die „Germania" wurde ihm regelrecht aus den Händen gerissen. Da gab es allerlei, was die Römer über die romantisch verklärten „Barbaren" zu hören verlangten. Wie sahen sie aus? Wie lebten – und wie liebten sie? Tacitus gab seinem Publikum Antwort und hinterließ uns ein bleibendes Bild der Lebensumstände der alten Germanen. Da war er allerdings nicht der erste.

„De bello Gallico", Cäsars bis heute weit verbreitetes Buch über den gallischen Krieg, das so manchen Pennäler schon aufseufzen ließ, Latein sei die späte Rache der Römer an den Germanen (für die Niederlage im Jahre 9 zum Beispiel), lieferte die erste historisch wirksame Beschreibung der Germanen, den sogenannten „Germanenexkurs" in den Kapiteln 21 bis 28 des sechsten Buches – 150 Jahre vor Tacitus. Darin finden sich Sätze, die die nationalbewusste Brust jedes Menschen, der sich auf die Germanen beruft, stolz schwellen lässt. Über die Sueven, den „mächtigsten und kriegerischsten Germanenstamm" (aus denen die Schwaben hervorgegangen sind, die wiederum ihren Namen in verschiedenen Ländern der ganzen deutschen Nation als pars pro toto liehen) schreibt Cäsar: „Sie handeln durchaus nie gegen ihre Überzeugung." Einen Seitenhieb bekommen die Gallier verpasst: Die seien hingegen „in ihren Entschlüssen wankelmütig und zu Unruhen geneigt", man könne ihnen nichts anvertrauen.

Während Cäsar allerdings nur einen kurzen Abriss über Lebensgewohnheiten und -umstände der Germanen gibt, holt Tacitus viel weiter aus, will ab urbe condita beginnen:

„Die Germanen selbst sind, möchte ich meinen, Ureinwohner und von Zuwanderung und gastlicher Aufnahme fremder Völker völlig unberührt",

stellt er aufgrund der geographischen Lage Germaniens fest. Wie auch Cäsar zieht er eine klare Grenze zwischen Germanen und Galliern. Über den germanischen „Volkstypus" schreibt er weiter:

„Ich selbst schließe mich der Ansicht an, dass sich die Bevölkerung Germaniens niemals durch Heiraten mit Fremdstämmen vermischt hat und so ein reiner, nur sich selbst gleicher Menschenschlag von eigener Art geblieben ist."

Daher sei auch die Erscheinung „trotz der großen Zahl von Menschen bei allen dieselbe: wild blickende blaue Augen, rötliche Haar und große Gestalten ..."

So entstand also das erste Klischee vom „Furor Teutonicus" und seiner wild barbarischen Schönheit. Man kann sich vorstellen, dass gerade die Römerinnen (über die der Satiriker Lukian nicht sehr schmeichelhaft behauptet, sie seien nach dem Aufstehen „hässlicher als Affen") bei diesen Umschreibungen „Puder in verschiedenster Zusammensetzung" (wieder Lukian) aufgetragen haben, um ihre aufgeregte Röte zu verbergen. Vielleicht mag sich die eine oder andere Römerin dabei die Zeilen Cäsars in frivole Erinnerung gerufen haben, die Germanen kennen beim Bad keine Geschlechtertrennung und „tragen einen großen Teil ihres Körpers bloß, da ihre Bedeckung nur aus Fellen und kleinen Pelzen besteht".

Dekadenz und Enthemmung waren der römischen Kaiserzeit schon damals ein Begriff; welch Anmut bedeutete dagegen die naive Keuschheit der Germanen, denen lange unverheiratet zu bleiben, laut Cäsar, großes Lob bringt, und denen es als höchst schimpflich gilt, „vor dem 20. Lebensjahr eine Frau erkannt zu haben".

Auch im übernächsten Jahrtausend nach Cäsar scheint dies noch Gültigkeit zu haben, zumindest ideelle. Friedrich Theodor Vischer war es, der die Forderung aufstellte:

„Dem Deutschen soll das Weib bis in reife Jahre Mysterium bleiben, sonst verkommt sein Seelenleben, verlottert, fault im Kern, wird gemein."

Tacitus verweilt viel länger als Cäsar im germanischen Ehehafen. In keinem Punkte als der Ehezucht, schreibt er voll Anerkennung, verdienten die Germanen größeres Lob:

„Denn sie sind fast die einzigen unter den Barbaren, die sich mit einer Gattin begnügen."

Die Gattin schenkt bei der Vermählung dem Mann eine Waffe, „das gilt ihnen als die stärkste Bindung, als geheime Weihe, als göttlicher Schutz der Ehe". Gleichzeitig soll die Frau erinnert werden, „dass sie als die Genossin in Mühen und Gefahren kommt, bereit, Gleiches im Frieden, Gleiches im Kampf zu ertragen und zu wagen". Wohlwollend teilt Tacitus mit, dass es in Germanien „überaus selten" zu Ehebruch komme und dass es „für Preisgabe der Keuschheit keine Nachsicht" gebe. Mit der also gelieferten Begründung hebt er den moralischen Zeigefinger gegen die Dekadenz seiner Landsleute:

„Dort lacht nämlich niemand über Ausschweifungen, und verführen und sich verführen lassen, nennt man nicht ,modern'."

Arminius verabschiedet sich von seiner Gattin Thusnelda,
Gemälde von Johannes Gehrts, 1884.

Empfängnisverhütung oder die Tötung eines Neugeborenen gelten bei den Germanen als Schande, „und mehr vermögen dort gute Sitten als anderswo gute Gesetze".

Trotz Gattenliebe und -treue („Nur einen Gatten bekommen sie dort, ebenso wie nur einen Leib und ein Leben") halten manche germanische Stämme verwandtschaftliche Blutsbande „für heiliger noch und enger und geben ihnen den Vorzug, wenn sie Geiseln empfangen, da man sich so die Herzen fester und die Sippe in weiterem Umfang verpflichte".

Waren Tacitus' römische Zeitgenossinnen tatsächlich solche Megären, dass er ihnen im Bild der germanischen Frau einen Spiegel von Anstand, Zucht, Schönheit entgegenhalten musste? Oder haben die Frauen der Germanen, „in wohlbehüteter Sittsamkeit, nicht durch lüsterne Schauspiele, nicht durch aufreizenden Gelage verführt", einfach einen besonders starken Eindruck auf ihn gemacht? Voll Bewunderung berichtet er:

„Schon manche sich auflösende Schlachtenreihe wurde, wie es heißt, von den Frauen wieder zum Stehen gebracht: durch beharrliches Flehen, durch Entgegenhalten der entblößten Brust und den Hinweis auf nahe Gefangenschaft, die den Germanen um ihrer Frauen willen weit unerträglicher und schrecklicher dünkt."

Wohl fast wie ein Märchen wollen Tacitus seine folgenden Äußerungen scheinen:

„Die Germanen glauben sogar, den Frauen wohne etwas Heiliges und Seherisches inne; deshalb achten sie auf ihren Rat und hören auf ihren Bescheid. Wir haben es ja zur Zeit des verewigten Vespasian erlebt, wie Veleda lange Zeit bei vielen als göttliches Wesen galt. Doch schon vor Zeiten haben sie Albruna und mehrere andere Frauen verehrt, aber nicht aus Unterwürfigkeit und als ob sie erst Göttinnen aus ihnen machen müssten."

Veleda, die dem Stamm der Brukterer angehörte, war Herz und Hirn des germanischen Aufstandes gegen die Römer um 70 nach Christus. 77 nach Christus wurde sie von den Römern gefangengenommen. Vermutlich starb sie in Gefangenschaft.

„Wüsste ich nicht, dass die Treue so alt ist wie die Welt, so würde ich glauben, ein deutsches Herz habe sie erfunden", überlegte Heinrich

Heine einmal. Tacitus wird wohl an ein „germanisches Herz" gedacht haben, denn das Attribut der treuen Hingabe schmückt er in seiner „Germania" ehrfürchtig aus.

Die germanischen Gefolgsherren genießen besonders die bedingungslose Pflichterfüllung ihrer Leute. „Doch für das ganze Leben lädt Schmach und Schande auf sich, wer seinen Herrn überlebend aus der Schlacht zurückkehrt: ihn zu schirmen und zu schützen, auch die eigenen Heldentaten ihm zum Ruhme anzurechnen, ist des Dienstes heiligste Pflicht. Die Herren kämpfen für den Sieg, die Gefolgsleute für den Herrn."

Bei den Stämmen sei es Brauch, „dass jedermann freiwillig den Oberhäuptern etwas von seinem Vieh oder Korn überlässt; das wird als Ehrengabe angenommen ..."

In seinen Annalen erzählt Tacitus von friesischen Gesandten, die unter Nero nach Rom kamen, um dort die tapfere Treue der Germanen zu rühmen. „Kein Mensch übertrifft die Germanen an Treue", schreibt er in der Chronik.

Wieder in der „Germania" äußert Tacitus sein Unverständnis über die germanische Sitte, auch bei Spielschulden Wort zu halten und sich im äußersten Fall selbst in die Knechtschaft verkaufen zu lassen, wenn dies dem Ehrenwort entsprach. „So groß ist ihr Starrsinn an verkehrter Stelle; sie selbst reden von Treue."

Friedrich Nietzsche, fast 2.000 Jahre später einer der kundigsten Kenner der deutschen Seele, hielt darüber hinausgreifend fest:

„Treue üben und um der Treue willen Ehre und Blut auch an böse und gefährliche Sachen ansetzen, das ist deutsche Art."

Was ist mit der Tüchtigkeit, jener zweiten hervorragenden deutschen Tugend? Über die der Kulturphilosoph Oswald Spengler sagt:

„Die Zähigkeit einer einmal übernommenen Pflicht macht uns keiner nach. Niemand übertrifft uns in der Arbeit."

Ach, wie viel ruhiger und beschaulicher muss nach den Beobachtungen des Tacitus das Leben der Germanen in dieser Hinsicht gewesen sein:

„Wenn sie nicht zu Felde ziehen, verbringen sie viel Zeit mit Jagen, mehr noch mit Nichtstun, dem Schlafen und Essen ergeben. Gerade die Tapfersten und Kriegslustigsten rühren sich nicht ... Ein seltsamer Wi-

dersspruch ihres Wesens: dieselben Menschen lieben so sehr das Nichtstun und hassen zugleich die Ruhe."

Eine schriftliche historische Überlieferung kennen die Germanen
nicht; aber in ihren Liedern tragen sie Geschichte von Generation zu
Generation fort. So „feiern die Germanen Tuisto, einen erdentsprosse-
nen Gott", als den Urvater ihres Volkes. Er soll der Vater von Mannus
gewesen sein, von dem wiederum die drei germanischen Stammesväter
der Ingävonen (insbesondere Kimbern, Chauken, Friesen) im Norden
und der Istävonen (so zum Beispiel Chamaver, Ubier, Tenkterer) im Süden, der Hermionen dazwischen abstammen. Zu Letzteren zählen die
Bewohner Innergermaniens, also die Sueben, Chatten, Hermunduren
und die Cherusker. Dem größtem Held ihrer Helden wurde der Name
Hermann gegeben. Auf diesen, mit römischem Namen Arminius gehei-
ßen, geht Tacitus im übrigens hier nicht ein; in den „Annalen" widmet
er dem „Befreier Germaniens" weitaus mehr Platz.

Äußerlich mache Germanien mit seinen Wäldern und Sümpfen einen
„schaurigen", ja sogar „widerwärtigen Eindruck", schreibt Tacitus. Auch
an „inneren Werten" von Interesse, an Bodenschätzen, mangelt es Germanien:

„Silber und Gold haben ihnen die Götter – ich weiß nicht, ob aus Huld
oder Zorn – versagt ... Besitz und Verwendung dieser Metalle reizt sie
nicht sonderlich."

Hier will Tacitus die Germanen als tugendhaftes Naturvolk schildern
und schießt gleichzeitig gegen seine römischen Landsleute, was er im
26. Kapitel weiter ausbaut:

„Geldgeschäfte zu betreiben und auch mit den Zinsen zu wuchern,
ist unbekannt, und deshalb ist man besser dagegen gefeit, als wenn es
verboten wäre."

In den „Annalen" nennt er nämlich den in Rom betriebenen Wucher
mit Zinsen ein „alteingewurzeltes Übel". Schon zu republikanischen
Zeiten war es nicht gelungen, dieses Übel wirksam zu bekämpfen.
Auch in der Kaiserzeit wurde kein wirksameres Mittel gefunden, als
den Zinssatz auf maximal zwölf Prozent zu legen und den Zinseszins
zu verbieten; wieder wirkte in Germanien die Sitte besser als die besten Gesetze.

Mehr wert als Gold und Silber ist den Germanen das Erz ihrer Waffen, und von ihren Heldentagen wird im Barditus, einem liedhaften Vortrag, gesungen.

„Niemals, weder bei Sachen der Gemeinde noch bei eigenen, erledigen sie etwas anders als in Waffen. Doch darf keiner Waffen tragen, ehe ihn der Stamm für wehrfähig erklärt. Das geschieht in öffentlicher Versammlung."

Im Heerwesen kommt die Hauptbedeutung dem Fußvolk zu. Tapferkeit geht über alles, unbedingt soll sie sein, aber nicht kopflos:

„Vom Platz zu weichen, wenn man nur wieder vordringt, hält man eher für wohlbedacht, nicht für feige. Ihre Toten bergen sich auch in unglücklicher Schlacht."

Während in Rom ein Gottkaiser an der Spitze des Heeres steht, wählen die Germanen ihren König

„nach Maßgaben des Adels, Heerführer nach der Tapferkeit; selbst die Könige haben keine unbeschränkte oder freie Herrschergewalt und die Heerführer erreichen mehr durch ihr Beispiel als durch Befehle."

Es ist also kein Zufall, dass „das Lob mit den Waffen" bei einer Volksversammlung „die ehrenvollste Art der Zustimmung" ist. Wichtigere Angelegenheiten werden von der Gesamtheit beraten und entschieden, zu Vollmond oder Neumond versammelt man sich.

„Ruhe gebieten die Priester; sie haben jetzt auch das Recht zu strafen. Dann hört man den König an oder die Stammesoberhäupter, jeweils nach dem Alter, nach dem Adel, nach dem Kriegsruhm, nach der Redegabe; hierbei kommt es mehr auf Überzeugungskraft an als auf Befehlsgewalt. Missfällt ein Vorschlag, so weist man ihn durch Murren ab; findet er jedoch Beifall, so schlägt man die Framen aneinander."

Wie aber, Tacitus, halten es die Germanen mit der Religion, wollen die Römer wissen. Woran glaubt dieser tief abergläubische, in Zeichen und göttliche Winke vernarrte Menschenschlag, fragen sie mit leicht wohligem Grauen vor der fremden Frömmigkeit.

„Im Übrigen glauben die Germanen, dass es der Hoheit der Himmlischen nicht gemäß sei, Götter in Wände einzuschließen oder irgendwie der menschlichen Gestalt nachzubilden. Sie weihen ihnen Lichtungen und

Haine, und mit göttlichen Namen benennen sie jenes geheimnisvolle Wesen, das sie nur in frommer Verehrung erblicken."

Und was kommt nach dem Leben?

„Bei Totenfeiern meiden sie Prunk ... Über dem Grab erhebt sich ein Rasenhügel; die Ehre hoher und kunstvoller Denkmäler lehnt man ab: sie sei eine Last für die Toten."

Hier manifestiert sich noch bei der Bestattung, was Tacitus den Germanen als eine Haupteigenschaft zuschreibt: Die Freiheitsliebe.

„Sechshundertvierzig Jahre zählte unsere Stadt, als man zum ersten Male von den Waffentaten der Kimbern vernahm. Rechnen wir von da ab bis zum zweiten Konsulat des Kaisers Trajan, so ergeben sich ungefähr zweihundertzehn Jahre: so lange schon wird Germanien besiegt! Im Verlauf dieser langen Zeit erlitten beide Seiten schwere Verluste. Nicht der Samniter, nicht die Punier, nicht die spanischen oder die gallischen Lande, nicht einmal die Parther machten öfters von sich reden: stärker noch als die Königsmacht des Arsakes ist das Freiheitsstreben der Germanen."

Mit dem Völkerbericht über die Germanen aus der Feder des römischen Geschichtsschreibers Tacitus befindet sich ein weltweit einzigartiges Porträt der Vorfahren eines Volkes im Besitz der Deutschen; auf die Stämme des späteren Deutschen Reiches, des späteren Deutschlands bezieht sich die Beschreibung des Römers.

Die Bedeutung der „Germania"

Die „Germania" nimmt nicht nur im Werk des Dichters, sondern in der gesamten antiken Literatur eine exponierte Stellung ein. Eine andere Spezialschrift über ein fremdes Volk ist nicht auf uns gekommen. Zwar kannten schon die Griechen in ihrer wissenschaftlichen Prosa völkerkundliche Texte, ebenso die Römer, doch waren diese eingebettet in geographische und landeskundliche Gesamtschauen. Ethnographische Exkurse führte Herodot ein. Tacitus übernahm sie im „Agricola" (mit einem Bericht über die Britannier) und in den „Historien". Hier flicht er in das 5. Buch über den jüdischen Krieg (66 bis 70 nach Christus) eine Abhandlung über das antike Judentum, insbesondere dessen Kult, ein.

Warum also haben gerade die „Barbaren" in Germaniens dunklen Wäldern den Dichter zu einer ganzen Schrift hingerissen? Die Entstehungsgeschichte der „Germania" ist in der Forschung hoch umstritten, und Tacitus hat dem Büchlein, das heute im Reclam-Format gerade einmal 34 Seiten umfasst, keine Einleitung vorangestellt. Er lässt uns über seine Beweggründe also völlig im Dunkeln.

Wollte er eine Warnung aussprechen? Rom, hüte dich, die Germanengefahr ist noch lange nicht vorbei! Sieh, so leben die Germanen, hier liegen ihre Vorzüge, hier ihre Schwächen, aber hüte deine Tore, Rom! Vielleicht war es so, auch wenn sich kein äußerer Anlass für diese Warnung historisch ausmachen lässt.

Hatte Tacitus einfach die ausschweifende, ungezügelte, hemmungslose Gesellschaft in Rom satt? Wollte er in Ahnung der spätrömischen Dekadenz seinen Landsleute einen Sittenspiegel im einfach-anständigen Bild der Germanen entgegenhalten? Tatsächlich finden sich in der „Germania" jede Menge moralische Fingerzeige gegen die Ausartungen des römischen Lebens, zuweilen voll Polemik. Jedoch: Tacitus stilisiert die Germanen nicht zum im besten Sinne naiven Geschlecht eines Goldenen Zeitalters, das „ohne Bewachung und willig und ohne Gesetz ausübte das Recht und die Treue", wie Ovid diesen idealen Urzustand der Welt in den „Metamorphosen" beschreibt. Tacitus lässt die Laster der Germanen nicht unter den Tisch fallen. Also ist die „Germania" kein idealisiertes Bild der Germanen? Versucht Tacitus mit seiner Schrift vielmehr der Wahrheit das Wort zu reden, so gut die dichterische Freiheit und die moralische Intention dies eben zulassen?

Wenn auch manche Fragen vor der Geschichte stumm bleiben mögen: Tacitus hat mit der „Germania" den Deutschen ein Kleinod geschenkt, das in dieser Form einzigartig auf der Welt ist, – und für die erste nachhaltige Herausbildung deutscher Klischees und Stereotypen gesorgt, die unterschiedlichste Rezeption erfahren haben.

Die Rezeption der „Germania"

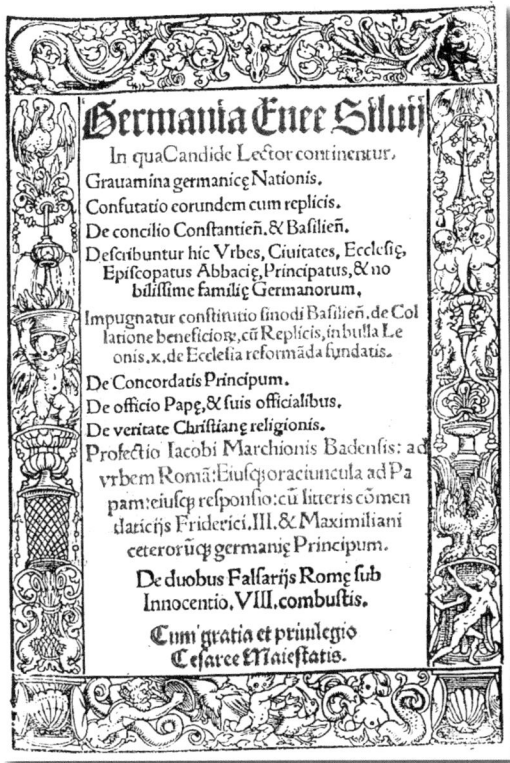

In quaCandide Lector continentur,
Grauamina germanicę Nationis.
Confutatio eorundem cum replicis.
De concilio Conftantień.& Bafilień.
Deferibuntur hic Vrbes, Ciuitates, Ecclefię,
Epifcopatus Abbacię,Principatus,& no
biliffime familię Germanorum,
Impugnatur conftitutio finodi Bafilień.de Col
latione beneficior,cū Replicis,in bulla Le
onis.x.de Ecclefia reformāda fundatis.
De Concordatis Principum.
De officio Papę,& fuis officialibus.
De veritate Chriftianę religionis.
Profectio Iacobi Marchionis Badenfis: ad
vrbem Romā:Eiufq;oraciuncula ad Pa
pam:eiufcp refponfio:cū litteris cōmen
dariciis Friderici.III.& Maximiliani
ceterorūq; germanię Principum.
De duobus Falfariis Romę fub
Innocentio.VIII.combuftis.
Cum gratia et priuilegio
Cefarce Maieftatis.

Wimpfelings Germania

Wenn wir uns fast 2.000 Jahre später nach ihrer Abfassung die Schrift des Tacitus vornehmen können, verdanken wir das nur dem historischen Zufall, der diese Zeilen hat überleben lassen. Eine einzige Handschrift der „Germania" überstand das Mittelalter, ehe sie von der Neugier der anbrechenden Neuzeit wiederentdeckt wurde. In Hersfeld spürte sie Enoch von Ascoli, der eigens vom Papst dazu beauftragt war, in deutschen Bibliotheken nach klassischen Texten zu suchen, auf und ließ sie 1455 nach Italien verbringen. Enea Silvio de Piccolomini, der spätere Papst Pius II., beschäftigte sich intensiv mit diesem lateinischen Kleinod, stand er doch im Begriff, selbst eine „Germania" über die Entwicklung, die Deutschland durch die Christianisierung genommen hatte, zu schreiben. Als Quelle für die „negativen" Gegebenheiten im heidnischen „Deutschland", das Tacitus beschrieb, griff er auf den Hersfelder Fund zurück.

1471 bediente sich der Heilige Stuhl wieder der „Germania", diesmal aber unter anderen Vorzeichen: Giantonio Campano, päpstlicher Gesandter, stimmte auf dem Reichstag zu Regensburg die deutschen Fürsten auf einen Krieg gegen die Osmanen ein und berief sich auf die von Tacitus gerühmte Kampfestüchtigkeit der Altvorderen.

Wenige Jahre danach, 1501, erschien die „Germania" des Schlettstädters Jakob Wimpfeling in Straßburg im Druck. Obwohl er selbst

schon im drauf folgenden Jahr eine deutsche Übersetzung beim Straß-
burger Rat eingereicht hatte, erschien der Text erstmals 1648 auf
Deutsch „zu Ehre der Stadt Straßburg und des Rheinstromes". Französische Annexionslüste auf das Elsass suchte der Humanist Wimpfeling
unter Berufung auf Tacitus zurückzuweisen. Das Elsass habe stets zu
Deutschland gehört.

Im Zeitalter des Humanismus firmierte sich ein neues deutsches
Nationalgefühl, das nachhaltig Männer wie Ulrich von Hutten prägten. So ist es kein Wunder, dass die „Germania" des Tacitus gerade in dieser Zeit auf reges Interesse – und eine weitere, deutende
Rezeption stieß. Die Zeiten waren wirr und voll Umbruch, das hohe
Mittelalter, die kaiserliche Hegemonialstellung in Europa, stand lange
nicht mehr in voller Blüte, Entdeckungen und Erfindungen revolutio-
nierten das Weltbild, kein Stein schien auf dem anderen zu bleiben
– und Deutschland inmitten des Ganzen bildete ein erstes nationales Bewusstsein heraus. Sebastian Münster erstreckte die deutsche
Geschichte in seiner „Kosmographie" (1544) auf einen Zeitraum von
zwei Jahrtausenden. Damit führte er konsequent durch, was die deutschen Humanisten von Tacitus' „Germania" abgeleitet hatten: durch
die „Germania" sahen sie sich veranlasst, die Begriffe „deutsch" und
„germanisch" identisch zu setzen.

Die folgenden Jahrhunderte behandelten die „Germania" weder mit
ausschweifendem Enthusiasmus noch ablehnender Kritik, sondern
stiefmütterlich – von einigen Ausnahmen abgesehen. Umso gewaltiger setzte die Germanenrenaissance in der Romantik, einer tief po-
litisch, nationalen Kulturströmung, ein. Bis 1945 trieb die Rezeption
wissenschaftlich wertvolle, abstrakte, ausufernde oder auch aben-
teuerliche Blüten in Forschungsergebnissen und Theorien. Jetzt ist
die „Germania", wenn überhaupt, nur noch Pennälerqual. Übrigens
trug das ab 1. Januar 1871 erscheinende inoffizielle Parteiorgan des
Zentrums den Titel „Germania".

Vandalische Berichtigung

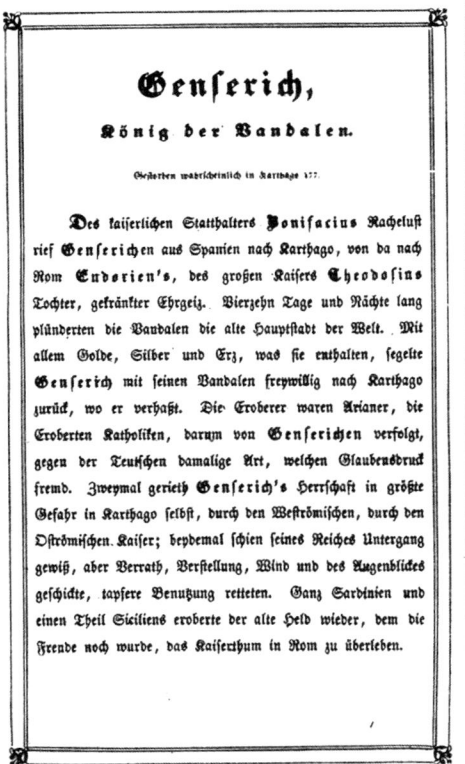

Genserich,

König der Vandalen.

Gestorben wahrscheinlich in Karthago 477.

Des kaiserlichen Statthalters Bonifacius Racheluft rief Genserichen aus Spanien nach Karthago, von da nach Rom Eudorien's, des großen Kaisers Theodosins Tochter, gekränkter Ehrgeiz. Vierzehn Tage und Nächte lang plünderten die Vandalen die alte Hauptstadt der Welt. Mit allem Golde, Silber und Erz, was sie enthalten, segelte Genserich mit seinen Vandalen freywillig nach Karthago zurück, wo er verhaßt. Die Eroberer waren Arianer, die Eroberten Katholiken, darum von Genserichen verfolgt, gegen der Teutschen damalige Art, welchen Glaubensdruck fremd. Zweymal gerieth Genserich's Herrschaft in größte Gefahr in Karthago selbst, durch den Weströmischen, durch den Oströmischen Kaiser; beydemal schien seines Reiches Untergang gewiß, aber Verrath, Verstellung, Wind und des Augenblickes geschickte, tapfere Benützung retteten. Ganz Sardinien und einen Theil Siciliens eroberte der alte Held wieder, dem die Freude noch wurde, das Kaiserthum in Rom zu überleben.

Geiserich (Genserich), König der Vandalen, in „Walhalla's Genossen geschildert durch König Ludwig den Ersten von Bayern, den Gründer Walhalla's", 1842.

Ein zweites Zeugnis haben die Germanen im europäischen Gedächtnis hinterlassen, ein zweifelhaftes, ungerechtes. Aber es hat sich in den Sprachgebrauch der verschiedenen Völker eingeschlichen und ist so schnell nicht wieder zu entfernen.

Geschieht das mit dem Namen von Völkern, erblickt man hier eindeutig Klischees und Stereotypen , die aber einer Überprüfung nicht entbehren dürfen. Denn zu Unrecht treiben hier die Redensarten ihren Spott mit der Wirklichkeit. So geht es zum Beispiel dem armen germanischen Stamm der Vandalen. „Wie die Vandalen", Vandalismus – das meint nichts Gutes, das meint barbarische Zerstörungswut, hemmungslose Verwüstung, nutzlose Gewalt. Die Vandalen können sich nicht mehr wehren, ihr Ruf ist durch das geflügelte Wort besiegelt. Also ist es wichtig, bei passender Gelegenheit auf die vandalische Unschuld zu bestehen.

455 drangen die germanischen Vandalen in Rom ein und plünderten die Stadt. Auf dieses Ereignis geht der Begriff „Vandalismus" zurück, der seit der Französischen Revolution als Metapher für die Brutalität der Jakobiner blinde Zerstörungswut beschreibt und damit eine historische Ungerechtigkeit darstellt. Denn die Einnahme Roms durch die Germanen ging – soweit man das bei einer Eroberung sagen kann –

geordnet vonstatten. Menschenleben wurden geschont, es wurde die Beute sorgfältig ausgewählt und eben nicht all das geraubt oder gar blind zerstört, was einem gerade in die Hände geriet. Kunstwerke und Geiseln sollten zu politischen Verhandlungen dienen. Noch im 5. Jahrhundert schrieb Bischof Salvanius von Massilia über die Germanen in Italien:

„Wenn unter Goten- oder Vandalen-Herrschaft jemand ein lasterhaftes Leben führt, dann ist es ein Römer. Denn die Goten und Vandalen setzen durch sittliche Reinheit und Gradlinigkeit einen so hohen Maßstab, dass sie nicht nur selber zuchtvoll waren, sondern sie haben auch die Römer geläutert."

Zur Zeit der großen Völkerwanderung waren auch die Vandalen von ihren angestammten Siedlungsgebieten in Mitteleuropa aufgebrochen, um sich neue Lande zu gewinnen. Sie kamen zum Rhein, bezwangen den Strom, gerieten mit den Römern in kriegerische Auseinandersetzungen, gelangten schließlich über Frankreich nach Spanien. „Andalusien", die noch heute gebräuchliche Landschaftsbezeichnung, könnte aus dem Arabischen stammen und „Land der Vandalen" meinen. 429 führte König Geiserich sein Volk der Vandalen über die Meerenge von Gibraltar in den Norden Afrikas. Dort konnten sie sich gegen die Römer behaupten und ließen sich nieder, um das Erbe des Imperiums anzutreten.

Im Karlsruher Schloss illustrierte Anfang 2010 die „Große Landesausstellung" wertvolle Schmuckstücke, Mosaike und Keramik aus den verschiedensten europäischen und nordafrikanischen Museen die Wanderschaft und den Alltag der Vandalen, die fernab von jedem „Vandalismus", sondern als zivilisierte Eroberer die frühmittelalterliche Geschichte gestalteten.

Der Begriff des „Vandalismus" kann sich als Redensart trotzdem halten, weil sprachlicher Antigermanismus und Germanophobie nicht in der Form geächtet sind wie andere diskriminierende Sprechweisen, stellt Rechtsanwalt Gerhard Frey in einer Betrachtung zum „Vandalismus" fest:

„Alle möglichen Übertreibungen unter der Flagge ‚politischer Korrektheit' ändern ja nichts daran, dass gedankenlose und abwertende Formu-

lierungen über die Abstammung von Menschen abzulehnen sind. Problematisch wird es, wenn jeder Schritt vom korrekten Weg Denunziationen und Sanktionen nach sich zieht. Problematisch ist es aber auch, wenn die ‚sensible Sprache‘ ganze Bereiche ausklammert. Wenn zum Beispiel eine germanophobe Wendung Triumphe feiert. Wie etwa das Wort vom Vandalismus, das für Zerstörungswut oder -lust stehen soll.“

William Lewis Hertslet, 1839 als Sohn des britischen Konsuls im ostpreußischen Memel geboren, schreibt in seinem Buch „Der Treppenwitz der Weltgeschichte“, dass auch das Wort „Vandalismus“ erst der Treppenwitz eines späteren Zeitalters war:

„Wort und Begriff ‚Vandalismus’ ist erst am 31. August 1794 durch den Bischof Grégoire von Blois, Mitglied des Nationalkonvents, in mutiger Anwendung auf die Zerstörungen der Jakobiner geprägt worden … Jedenfalls hat es das germanische Volk der Vandalen nicht auf seinem Gewissen, dass die meisten der herrlichen, in Rom zusammengeschleppten Kunstwerke – ‚ein zweites Volk aus Statuen’ (so noch Cassiodor!) – entweder gar nicht oder nur verstümmelt erhalten sind. Mit Unrecht ist durch das Wort ‚Vandalismus’ dem Volke Geiserichs ein Brandmal aufgedrückt worden. Auch der Ostgote Totila hat Rom nicht zerstört. Die schrecklichste Plünderung Roms soll die durch den oströmischen Kaiser Constans II. (641 – 668) gewesen sein, nach der nicht viel Bedeutendes übriggeblieben sein kann.“

Engländer über Deutsche

Am 2. August 1914 erschien in der „Times" eine Einspruchserklärung, unterzeichnet von einer Reihe englischer Gelehrter und Professoren gegen Englands Krieg mit Deutschland:

„Wir erblicken in Deutschland ein Volk, das in Künsten und Wissenschaften führend ist, und wir alle haben von den deutschen Forschern gelernt und lernen noch immer von ihnen. Krieg gegen Deutschland in Serbiens und Russlands Interesse ist eine Sünde gegen die Zivilisation. Sollten wir mit Rücksicht auf unsere Verpflichtungen unglückseligerweise in den Krieg hineingezogen werden, so könnte Vaterlandsliebe unsern Mund schließen, aber in der augenblicklichen Lage halten wir uns für berechtigt, Protest zu erheben gegen die Verwicklung in einen Kampf gegen ein Volk, das uns so nahe verwandt ist und mit dem wir so viel gemeinsam haben."

Tatsächlich haben Engländer und Deutsche vieles gemeinsam, unter anderem in ihren Wurzeln. Oft trifft man auf die Bezeichnung der europäischen Cousins. Das hielt aber weder die „Inselaffen" noch die „Krauts" davon ab, über einander Klischees aufrecht zu erhalten, so wie es verwandte und verschwägerte Adelshäuser in der Vergangenheit auch nicht abhielt, gegeneinander Kriege zu führen. Aber man darf in Hinblick auf jüngere Zeit nicht vergessen, dass die Meinungen einer „Bild"-Zeitung oder einer „Sun" nicht repräsentativ sein müssen. Beide Völker hegten zu allen Zeiten auch großen Respekt vor der Leistung des anderen.

Edward Brown zum Beispiel unterhielt im London des 17. Jahrhunderts eine Arztpraxis. Doch Abenteuerlust und der Ruf der Ferne lockten ihn in die Welt. Fünf Jahre lang bereiste er Europa, lernte Länder und Leute kennen und war durch umfassende Beobachtungen sicherlich berufen, sich ein Urteil über die Eigenschaften der verschiedenen Völker zu erlauben. Sein 1711 in deutscher Übersetzung erschienener Reisebericht enthält auch eine Charakteristik Deutschlands und der Deutschen:

„So viel dessen Volk belangt, so ist gemächlich mit demselben umzugehen, und findet man die Leute ohne vielen Umschweif und äußerliche Weitläufigkeiten, und sind dieselben offenherzig und werden leicht vertraulich, sind auch voller Redlichkeit, also dass ein Reisender für dasjenige, so er bei sich führet, sogar sorgfältig und bekümmert nicht sein darf, wie man wohl in etlichen anderen Ländern tun muss, die doch wegen ihrer großen Höflichkeiten so hochgerühmt und geachtet werden. Die Weibs-Personen sind insgemein einer gütigen Natur, auch wohlgestalt, nüchtern und ernsthaftig ... und tragen gute Sorge für die Haushaltung."

Tacitus würde sich in seinen Aussagen der „Germania" bestätigt fühlen:

„Der Geselligkeit und Gastfreundschaft gibt kein anderes Volk [als die Germanen] sich verschwenderischer hin."

Und an anderer Stelle:

„Dieses Volk, ohne Falsch und Trug, offenbart noch stets bei zwanglosem Anlass die Geheimnisse seines Herzens."

Niemand anderes als Nietzsche bewertete diese Eigenschaft allerdings mit zweifelnder Kritik:

„Es ist heute die gefährlichste und glücklichste Verkleidung, auf die sich der Deutsche versteht, dies Zutrauliche, Entgegenkommende, dies Karten-Aufdecken der deutschen Redlichkeit; sie ist eine eigentliche Mephisto-Kunst, mit ihr kann er es noch weit bringen."

Deutsche Zwietracht

Trotz seiner liebenswerten Reiseerzählungen brachte es der wandernde Doktor nicht zu weitreichender Berühmtheit; doch wenn Prominenz die Schlagkraft einer Charakteristik der Deutschen vergrößert, bitten wir nun den Philosophen David Hume (1711 – 1776) ums Wort. Eigentlich Schotte, gehörte er als Bürger dem britischen Empire an. Auch er veröffentlichte ein Reisetagebuch, das auf seinen Fahrten durch Europa entstanden war. Hier schreibt er 1748:

„Deutschland ist unleugbar ein schönes Land, voll von fleißigen, ehrlichen Leuten, und wäre es geeint, würde es die größte Macht sein, die es je in der Welt gegeben hat. Das niedere Volk wird hier fast überall besser behandelt und hat größere Freiheit als in Frankreich; es steht nicht weit unter dem englischen, das sich doch so viel einbildet.
Reisen bieten große Vorteile, und nichts dient besser dazu, sich von Vorurteilen zu befreien; ich muss gestehen, dass ich keine so vorteilhafte Meinung von Deutschland hatte, und es muss einen human denkenden Menschen freuen, zu sehen, dass ein so beträchtlicher Teil des Menschengeschlechts, wie die Deutschen ihn bilden, unter so guten Verhältnissen leben."

Ja, die deutsche Uneinigkeit! Hume war bei weitem nicht der einzige Ausländer, der diesen ewigen Kampf gegen die Zwietracht beobachtete. Aber auch viele Deutsche selbst waren sich dessen stets bewusst.

Schon Nikolaus von Kues (1401 – 1464) warnte vor der Uneinigkeit, dem verderblichsten Gegner der Deutschen:

„Eine tödliche Krankheit hat das Reich befallen. Wird ihr nicht schleunig ein Gegengift gegeben, so wird der Tod unweigerlich eintreten. Man wird das Reich in Deutschland suchen und nicht mehr finden, und in der Folge werden unsere Wohnsitze die Fremden einnehmen und unter sich aufteilen. Und so werden wir einer anderen Nation unterworfen sein."

Ebenso Martin Luther, der deutsche Freiheit predigte:

„Lieber Gott, schicke uns lieber eine gute, starke Pest. Wenn wir schon zerstört werden sollen, so wenigstens nicht durch uns selbst, nicht durch den Wahnsinn der Zwietracht."

Später auch Hölderlin:

„Ich kann kein Volk mir denken, das zerrissener wäre als die Deutschen."

Kleists gewaltige Worte aus dem Drama „Hermannsschlacht":

„Es bricht der Wolf, o Deutschland, in deine Hürde, und deine Hirten streiten um eine Handvoll Wolle sich."

Aus Josef Weinhebers Gedicht „Hagen":

„Wir schlugen uns zu Stücken,/ Ehrgier, Wurmsucht, Neid./ Gegen die Speere im Rücken/ ist keiner gefeit.// Immer entsteht dem lichten/ Siegfried ein Tronje im Nu./ Weh, wie wir uns vernichten/ und das Reich dazu."

Schließlich aber positiv formuliert von Bismarck:

„Wenn die Deutschen zusammenhalten, so schlagen sie den Teufel aus der Hölle."

Charles Dickens (1812 – 1870) ist über die Grenzen Britanniens bekannt geworden durch seine Romane „Oliver Twist", „David Copperfield" und „Eine Weihnachtsgeschichte" („A Christmas Carol"). In einem Brief vom 18. September 1841 an den deutschen Schriftsteller Dr. Heinrich Künzel, der beabsichtigte, eine deutsche Zeitschrift namens „Britannia" herauszugeben, ging ihm schier das Herz über, wenn er von der kulturellen Bedeutung Deutschlands sprach:

„Glauben Sie mir, ich kann ohne jede Schmeichelei sagen, dass ich nächst der Gunst und guten Meinung meiner eigenen Landsleute die Achtung des deutschen Volkes über alle Maße hochschätze. Ich verehre und bewundere es mehr, als ich ausdrücken kann. Ich weiß, dass es mit seinen großen geistigen Fähigkeiten und der Höhe seiner Kultur das auserwählte Volk der Erde ist; und niemals war ich stolzer und glücklicher, als da ich zum ersten Male hörte, dass meine Werke vor seinen Augen Gnade gefunden hatten. Nichts, was die englische Literatur mit Deutschland verbindet, kann mir gleichgültig sein."

Deutschland – das Land der Dichter und Denker. Auch Dickens kommt nicht vorbei an diesem Attribut, das zu den schönsten in der Welt über Deutschland verbreiteten gehört.

Zum Thema Denker äußerte sich der Londoner Journalist Sidney Whitman, der jahrelang in Deutschland als Korrespondent des „New York Herald" wirkte. Er verfasste das seinerzeit bekannte Buch „Das kaiserliche Deutschland", das auf Deutsch 1889 erschien. Hierin heißt es über den enorm hohen wissenschaftlichen Standard im Deutschen Reich:

„Deutschland hat heute die Führung in der wissenschaftlichen Welt. Zu Anfang des 19. Jahrhunderts war Frankreich im Besitz dieser Rolle. Der deutsche Einfluss ist aber größer, als jemals der französische gewesen *ist. Die Studierenden, die ehemals nach Paris gingen, gehen jetzt nach Deutschland; mit deutschen Ideen getränkt, kehren sie in ihre Heimat zurück und haben dann nur noch einen Zweck: die empfangenen Lehren zu befolgen und Jünger für sie zu gewinnen. In solcher Weise sind diese Lehren auch über die Welt verbreitet und in fast allen Ländern Europas angenommen worden."*

Deutschlands Wirtschafts- und Wissenschaftskraft erregte im späten 19. Jahrhundert Englands großes Interesse. Der Schotte Viscount Haldane schrieb im Vorwort zu „Germany in the nineteenth Century", das aus der Feder des Historikers J. Hollande Roses und des Professors der Universität Manchester, C.H. Herford, 1912 erschien:

„Der Geist des heutigen Deutschlands ist in hohem Grade konkret und praktisch, aber er ist aufgebaut auf der Grundlage des Denkens und Wissens, und das ist der Grund, warum es wohlgeordnet ist. Denn gute Ordnung wird leicht, wenn die ersten Grundsätze klar umgrenzt worden sind. Das Land, das einen Kant und einen Goethe hervorgebracht hat, kann späterhin einen Bismarck hervorbringen: ,Aus dem Lernvolk soll ein Tatvolk werden ...'"

Professor Herford bringt die Verknüpfung von Dichtern und Denkern in diesem Buch selbst auf den Punkt:

„Wenn Deutschland heute das größte Beispiel eines nach wissenschaftlichen Grundsätzen verwalteten Staates ist, so ist es auch das Land, das das Leben der Seele am tiefsten fühlt und ergründet und am höchsten gewertet hat. Wenn das 19. Jahrhundert mit den Trümmern seiner erhabenen Philosophen bedeckt ist, wenn das Rennen um Wohlstand und Luxus und Macht den Menschen immer mehr zu beherrschen scheint, so ist es immer noch Deutschland, an das wir uns wenden, um sicher zu seinen, dass der Gedanke, der durch die Ewigkeit wandert und, selbst wenn es vergeblich ist, mit den Welträtseln ringt, eine bleibende Kulturmacht ist; und durch all das Dröhnen der Schmieden und das Getöse der Werften klingt die Antwort klar zurück ...

Deutschland ist die Heimat des philosophischen Idealismus in der modernen Welt, und zwar aus dem Grunde, weil das deutsche Volk jahrhundertelang beharrlicher als jedes andere von dem Ruf des Geistes heimgesucht worden ist."

Über den Geschichtsschreiber, Literaturwissenschaftler und Sozialreformer Thomas Carlyle (1795 – 1881) sagte der deutsche Historiker Heinrich von Treitschke einmal, er sei der einzige Brite, „der Deutschland ganz verstanden hat". Ebendieser Carlyle schreibt in seinem Buch „Blick eines Engländers in die kirchlichen und sozialen Zustände Deutschlands" (ins Deutsche übersetzt 1870):

„Die Deutschen sind – das unterliegt keinem Zweifel – die ersten Gelehrten der Welt. Die Gelehrten anderer Länder sind isolierte Individuen, welche als solche keine eigene Stellung in der Gesellschaft einnehmen. Dagegen bilden die Gelehrten in Deutschland einen allgemein anerkannten Stand, der einen bedeutsamen Teil des ganzen Gemeinwesens ausmacht und selbst eine wahre Republik der Wissenschaft ist."

Deutschland ist Hamlet

An dieser Stelle eine Frage: Der größte Geist der englischen Literatur, William Shakespeare, hatte er eine Meinung zu Deutschland? Direkt äußert sich der Dichter, der außerhalb seines Werkes nahezu Phantom geblieben ist, nicht. Aber Hamlet, den Prinzen von Dänemark, hat er an der Universität Wittenberg studieren lassen. Shakespeare hätte ihn auch nach Bologna, an die Pariser Sorbonne oder nach Oxford schicken können, allesamt zu seiner Zeit berühmte und angesehene Hochschulen, größer als Wittenberg, der Wirkungsstätte des Geistesriesen der Shakespeare vorangegangenen Reformationsgeneration, Luther. Das ist ein Zeugnis, welch hohe Meinung Shakespeare vom deutschen Bildungswesen des späten Mittelalters, der beginnenden Neuzeit gehabt haben muss.

Oder geht die Intention, Hamlet als Wittenberger Student darzustellen, darüber hinaus? Wollte er hiermit vielleicht der Affinität des Prinzen zum Düsteren, zur Geisterwelt, zum beinahe „faustisch" zu nennenden verwirrtem Gefühl eine Erklärung zuschreiben? Hamlet – eine Gestalt, die durchaus auch in die deutsche Seelenlandschaft gepasst hätte? Nicht umsonst findet Jahrhunderte nach Shakespeare der deutsche Dichter Ferdinand Freiligrath (1810 – 1876) zu dem Vergleich:

„Deutschland ist Hamlet".

Horst Caspar (Mitte) als Hamlet am Deutschen Theater Berlin, Dezember 1945

Die Deutschen dankten es Shakespeare. Wenn der englische Philosoph John Locke beispielsweise in seinen „Gedanken über Erziehung" eine Literaturliste mit wertvollen Büchern erstellt, vergisst er Shakespeare. Als der größte englische Dichter in Deutschland schon lange Zeit ehrliche Bewunderung und begeisterte Liebe gefunden hatte, wartete die englische Wertschätzung damit noch auf das folgende Jahrhundert.

Auch andere britische Schriftsteller haben ihre Werke in Deutschland verortet, wo sie etwas Mystisches, Schauerliches beschwören wollten. Der Schotte Walter Scott (1771 – 1832) etwa malt in „Der Altertümler" mit der Gestalt des deutschen Scharlatans Dousterswivel das Bild von Deutschland als Ort der geheimen Wissenschaft, wo Alchemie und Magie von den Gelehrtesten praktiziert werden. Der berühmteste britische Schauerstoff mit deutschem Bezug ist sicherlich Mary Shelleys „Frankenstein", der aus dem Moder Ingolstädter Friedhöfe ein Monster schuf.

Gerade dieses Dunkle der deutschen Seele findet seine Entsprechung in der Romantik, jener ureigenen deutschen Epoche. Friedrich

Nietzsche entwickelt den deutschen Drang zum Rätselhaften und Geheimnis weiter:

„Wie jeglich Ding sein Gleichnis liebt, so liebt der Deutsche die Wolken und alles, was unklar, werdend, dämmernd, feucht und verhängt ist. Das Ungewisse, Unausgestaltete, Sich-Verschiebende, Wachsende jeder Art fühlt er als ‚tief‘. Der Deutsche ist nicht, er wird, er entwickelt sich. ‚Entwicklung‘ ist deshalb der eigentliche deutsche Fund und Wurf im großen Reich philosophischer Formeln.“

Made in Germany

Gründlichkeit und Tüchtigkeit, aber auf Kosten von Eleganz und Charme, das sind gängige Klischees, die den Deutschen zugeschrieben werden. Mit einem eingängigen Bild beschreibt der englische Schriftsteller Francis Crawford (1854 – 1909) in seinem Roman „Greifenstein“ diese und andere europäische Stereotype:

„Was tut der Engländer nach durchschwärmter Nacht? Er nimmt ein tüchtiges Bad und läuft in den Bergen herum. Der Franzose? Der sitzt im Café. Der Deutsche? Wenn er Offizier ist, dann zieht er sich seine Diensthandschuhe an und trabt mit seinen Grenadieren zur Felddienstübung; wenn er Student ist, geht er in ein Kolleg. Und zwar ganz selbstverständlich. Bezahlt werden muss das Vergnügen; aber doch mit dem Schlaf, nicht mit der Arbeit.“

Da fühlt man sich an einen geläufigen Witz erinnert, der ebenfalls mit nationalen Klischees spielt:

„Was ist der Unterschied zwischen einem englischen, einem französischen und einem deutschen Rentner? Der englische trinkt seinen Whisky und geht in den Pub. Der französische trinkt seinen Aperitif und geht zu seiner Freundin. Der deutsche nimmt seine Herztropfen und geht zur Arbeit.“

Ähnlich wie Crawford äußert sich Charles Reades in seinem Roman „Kloster und Herd“ (1861) über zwei Reisende, die sich bei einem deutschen und einem französischen Schuhmacher die Sohlen neu beschlagen lassen wollen:

„Der Deutsche ist ein grober Geselle, der kaum zu finden und dann selbst durch Geld und die besten Worte kaum zu bewegen ist, die Arbeit zu übernehmen. Der Franzose ist der liebenswürdige Geschäftsmann, von dessen Redeschwall der Kunde schon hingerissen wird. Seine Sohlen taugen nichts und sind im Umsehen durchlöchert, auf grobem deutschem Leder aber wandert man sicheren Fußes über Berg und Tal.“

Schuhsohlen – made in Germany!

Das hätten sich die feinen Gentlemen von der britischen Kommission wohl nicht träumen lassen, dass ihr Kunstgriff, mit der Herkunftsbezeichnung deutsche Produkte vom Markt zu drängen, ins Gegenteil umschlagen würde. „Made in Germany“ wurde nicht zum Kainsmal, sondern zum Gütesiegel. 1887 war das britische Handelsmarkengesetz verabschiedet worden.

„Der deutsche Arbeiter besitzt technisch sowohl wie persönlich Eigenschaften von wahrhaft hohem Rang. Für seine Fähigkeit ist seine Arbeit der beste Beweis. Der Tag ist vorüber, da man die Produkte der deutschen Industrie mit einem Worte als ‚billig und schlecht‘ kennzeichnen konnte, wie ein deutscher Professor es 1870 getan hat. Verhältnismäßige Billigkeit ist geblieben, aber während noch eine Masse von untergeordneter Ware hergestellt wird, ist der wahrhaft höchste Grad von Vollkommenheit erlangt.“

So lautet die Beobachtung im Buch des britischen Generals W. H. Douglas „The evolution of modern Germany“ (1908).

Lady Florence Philipps (1863 – 1940), die 1913 mit ihrem Apell „A friendly Germany. Why not?“ für Aufsehen sorgte, schrieb über die deutsche Wirtschaftskraft:

„Zweifellos ist die sturmschnelle Entwicklung des deutschen Handels innerhalb der letzten zwei Jahrzehnte zum guten Teil an der Missstimmung gegen Deutschland schuld, die sich in einigen Kreisen Englands eingebürgert hat ... Der Irrtum, dass Deutschland alles, was es gewinnt, auf unsere Kosten gewinnt, hat ein hohes Maß von unwissendem Vorurteil, das leicht zu nationaler Feindschaft führen kann, hervorgerufen, und verhindert, dass dem deutschen Volk für den wunderbaren Auf-

stieg, den es in Handel und Industrie genommen hat, die gebührende Bewunderung gezollt wird."

Nach dem Zweiten Weltkrieg war das Wirtschaftswunder die größte Leistung „made in Germany". Konrad Adenauer sagte:

„Die deutsche Wertarbeit und das Wort ‚Made in Germany' müssen in der Welt wieder den alten guten Klang erhalten. Die Güte der deutschen Arbeit ist unsere Zukunft."

Und US-Präsident Ronald Reagan sagte 1985 bei seiner Ansprache auf dem Hambacher Schloss:

„Kein Land der Welt ist schöpferischer gewesen als Deutschland. Und kein anderes Land kann besser dazu beitragen, unsere Zukunft zu gestalten. Wir haben bereits ein Wunder erlebt, Ihr Wirtschaftswunder. Die Experten haben gesagt, es würde Jahrzehnte dauern, ehe Deutschlands Wirtschaft ihren Vorkriegsstand erreichen würde. Sie haben es in weniger als einem Jahrzehnt geschafft."

Franzosen über Deutsche

Franzosen über Deutsche

„So weiß alle Welt, dass Franckreich gegen Teutschland, als welches seiner Macht und Regier-Sucht am meisten überlegen seyn könnte, einen schlechten Magen träget ...“ Deutsch-französische Spannungen, Ende 17. Jahrhundert

Was prägt das Deutschland-Bild Frankreichs? Im vergangenen und vorvergangenen Jahrhundert war es die Annahme einer Erbfeindschaft. Im frühen 19. Jahrhundert das Joch der Napoleonischen Unterdrückung. Wenige Jahre zuvor die Französische Revolution, die auch in Deutschland auf fruchtbaren Boden fiel, sich aber nicht zuletzt aufgrund der charakterlichen Unterschiede nicht durchsetzen konnte. Das deutsche 17. Jahrhundert kannte die Schrecken der Raubzüge des Sonnenkönigs. Und nichtsdestotrotz empfanden die Franzosen über Jahrhunderte eine Erbfeindschaft nicht gegenüber den Deutschen, sondern den Engländern. Deutsch-französischer Zankapfel war stets das Elsass, deren Bewohner nicht gerade schmeichelhaft und gewinnend von den Franzosen „Têtes carrées", Querköpfe, genannt wurden. Die Deutschen im Allgemeinen nennt der Franzmann „Boche" – ursprünglich Holzkopf.

Aber auch mit Frankreich verbinden uns eine enge gemeinsame Geschichte, ein weitreichender Kulturaustausch, in neuerer Zeit gerade wieder die Notwendigkeit einer Achse des Friedens in außenpolitischen Fragen. Es gab immer durch alle Jahrhunderte Stimmen, die der anderen Nation voll Wertschätzung und Respekt begegneten – und gängige Meinungen über den anderen im positiven Sinn bestätigten.

Madame de Staël

Wer sich mit dem Deutschenbild des Auslandes beschäftigt, kommt so an einer Dame nicht vorbei: Madame de Staël. Baronin Anne Louise Germaine de Staël-Holstein (1766 – 1817), Tochter eines Genfer Bürgers deutscher Herkunft, der es zum französischen Finanzminister brachte hatte 1802 für mehrere Monate in Deutschland gelebt, in Weimar die Geistesgrößen getroffen und nach weiteren Recherchen in Wien (Winter 1807/1808) ihr berühmtes Buch „De l'Allemagne" begonnen. 1810 erschien es im Druck. Unter Napoleon wurde es verboten, hielt es doch den Franzosen mit dem idealisierten Bild der Deutschen als einer vielfältigen, musischen und etwas naiven Nation einen Spiegel vor.

Der Polizeimeister Herzog von Rovigo schrieb an Madame de Staël, die um einen Aufschub zur Vorbereitung ihrer erzwungenen Ausreise gebeten hatte, am 3. Oktober 1810:

„Es ist mir vorgekommen, als ob Ihnen die Luft unsers Landes nicht mehr bekäme; mit uns ist es aber noch nicht so weit gekommen, dass wir Vorbilder unter den Völkern suchen sollten, die Sie bewundern. Ihr letztes Werk ist kein französisches, ich habe dessen Druck verhindert. Ich bedaure den dadurch für den Verleger entspringenden Verlust, aber mir ist es nicht möglich, es erscheinen zu lassen."

Ihr Buch gliedert sich in drei Teile mit jeweils zwei Kapiteln und behandelt nacheinander „Deutschland und die Sitten der Deutschen", „Litera-

MADAME LA BARONNE   DE STAËL-HOLSTEIN

In der Vorrede schreibt Madame de Staël:

„Deutschland kann, seiner geographischen Lage nach, für das Herz von Europa gelten, und der große Bund des Kontinents allein durch dieses Landes Unabhängigkeit die eigne wiedererlangen. Verschiedenheit der Sprachen, natürliche Grenzen, gemeinschaftliche Erinnerungen aus der Geschichte der Vorzeit, alles dies trägt dazu bei, um unter den Men-

schen die großen Individuen zu bilden, die man Nationen nennt; gewisse Verhältnisse sind nötig zu ihrer Existenz, gewisse Eigenschaften, sie von einander zu unterscheiden; würde Deutschland mit Frankreich vereinigt, so folgte daraus auch die Vereinigung Frankreichs mit Deutschland; die Franzosen von Hamburg und die von Rom würden stufenweise den Charakter der Zeitgenossen Heinrichs des Vierten entstellen, die Besiegten auf die Länge die Sieger umbilden, und am Ende alle gleich dabei verlieren.

Ich habe in meinem Werke behauptet, die Deutschen seien keine Nation, aber wahrlich, vor den Augen aller Welt strafen sie als Helden diese Besorgnis Lügen."

Für das zersplitterte und unter dem Joch Napoleons stehende deutsche Volk findet sie tröstliche Worte:

„Das Gemälde einer Literatur und Philosophie scheint dem gegenwärtigen Augenblick wohl fremd zu sein; doch ist es vielleicht dem armen, edlen Deutschland tröstlich, sich inmitten der Verwüstungen des Krieges an seine Geistesschätze zu erinnern. Vor drei Jahren nannte ich Preußen und die nordischen Länder, die es umgeben, das Vaterland des Denkens, in wie viel herrliche Taten hat sich dies Denken nicht seitdem gestaltet; was die Philosophen in Systeme brachten, geht in Erfüllung, und der Seele Unabhängigkeit wird die der Staaten gründen!"

Die in Paris geborene Schriftstellerin lieferte mit ihrem aufsehenerregenden Buch ein scharfgeschnittenes Charakterbild des Deutschen. Sie schildert mit hoch sensibler Beobachtungsgabe die deutschen Wesenszüge. Über die Reise durch Süddeutschland notiert sie fasziniert im ersten Kapitel:

„Eine Art von Schweigen in der Natur und in den Menschen, presst das Herz des Reisenden zusammen. Es kommt ihm vor, als schleiche die Zeit hier langsamer als an andern Orten vorüber, als übereile sich der Wachsthum der Pflanzen eben so wenig wie die Bildung der Gedanken in den Köpfen, als zögen sich die geraden regelmäßigen Furchen des Landmanns auf schwerfälligem Boden dahin.

Gleichwohl, sobald man nur diese unwillkürlichen Empfindungen zerstreut hat, findet sich's, dass Land und Einwohner sich dem Beobachter in einer interessanten, dichterischen Gestalt zeigen, und man fängt an zu fühlen, dass sanfte Seelen und sanfte Phantasien diese Gefilde verschönerten."

Aber nicht nur die deutsche Landschaft setzt sie in engen Bezug zu unserem Volkscharakter, sie greift auch das Bild der Städte und Dörfer auf, erschließt sich den historischen Sinn des Deutschen anhand seiner besonderen Denkmalkultur:

„Die gotischen Denkmäler sind die einzig merkwürdigen in Deutschland. Diese Denkmäler erinnern an die Jahrhunderte des Rittertums; beinahe in allen deutschen Städten stehen in öffentlichen Kunstsälen Überbleibsel jener Zeiten aufgestellt. Man sollte glauben, die Bewohner des Nordens, die Welteroberer, hätten, ehe sie Germanien verließen, ihr Andenken unter verschiedenen Gestalten zurückgelassen, und das ganze Land gliche dem Aufenthalte eines großen Volks, das seit langer Zeit weggezogen."

Eine bedenkliche Richtung nehmen diese Gedanken an. Schließlich schreibt sie von einem „einstigen Volk", das sich auf dem Boden Deutschlands in Denkmälern letzte Erinnerung geschaffen habe. Sie dringt aber auch bis in die geistigen Gebiete deutscher Kunst und Literatur vor und notiert über diese verwundert:

„Die Deutschen gefallen sich in Dunkelheiten: oft hüllen sie, was klar am Tage lag, in Nacht, bloß um den geraden Weg zu meiden; sie haben einen solchen Widerwillen gegen gewöhnliche Gedanken, dass, wenn sie sich genötigt sehn, sie niederzuschreiben, sie sie mit einer abstrakten Metaphysik umgeben, die sie neu scheinen lässt, bis man sie erkennt."

Und ihren Landsleuten ruft sie in Anerkennung des deutschen Sendungsbewusstseins zu:

„Die Franzosen würden indes mehr dabei gewinnen, wenn sie das Genie der Deutschen begreifen lernten, als die Deutschen bei der Unterwerfung unter den französischen guten Geschmack."

Auch was das besondere deutsche Verhältnis zur Musik betrifft, liefern die Reiseeindrücke der Madamme de Staël wesensgemäße Einsichten:

„Sobald man sich nur etwas über die letzte Volksklasse in Deutschland erhoben hat, bemerkt man bald das innere Leben, die Seelenpoesie, die den Deutschen bezeichnet. Die Bewohner der Städte und

Dörfer, Soldaten und Landleute, verstehen fast alle Musik. Es ist mir sehr oft begegnet, in kleine vom Tabaksdampf durchräucherte Hütten zu treten, und nicht allein die Hausfrau, sondern auch ihren Mann, auf dem Klavier phantasieren zu hören, wie man in Italien improvisiert."

Das gefallene Wort von der „Seelenpoesie" gehört damit vielleicht zu den schönsten und treffendsten Äußerungen ausländischen Geistes über das vielfach rätselhafte deutsche Wesen. Aber auch die Schattenseiten des deutschen Gemüts werden aufgegriffen. So finden sich die nachfolgenden Notizen unter den deutschen Charakterbildstudien:

„In Deutschland ist nichts so auffallend als der Gegensatz zwischen den Empfindungen und den Gewohnheiten, zwischen den Talenten und dem Geschmack. Ausbildung und Natur scheinen hier noch nicht gehörig zusammengeschmolzen zu sein. Wahrheitliebende Männer erscheinen nicht selten im Ausdruck und im Anstande gezwungen, als hätten, sie etwas zu verbergen; nicht minder oft zeigt sich die sanfte Seele unter einer rauhen Außenseite; ja man geht noch weiter, und die Schwäche des Charakters blickt hinter harten Worten und harten Formen hervor.

Mit dem Enthusiasmus für Dichtkunst und schöne Künste, verbinden sich vielfältig gemeine gesellschaftliche Sitten und Gewohnheiten. Es gibt kein Land, wo die Gelehrten oder junge Studierende auf hohen Schulen es weiter in den alten Sprachen und in der Kenntnis des Altertums gebracht hätten; und von einer andern Seite kein Land, wo altväterische Sitten und Gebräuche einheimischer wären, als in Deutschland. Die Erinnerungen aus Griechenland, der Geschmack an der Kunst, scheinen durch Korrespondenz dahin gelangt zu sein; indes die Feudaleinrichtungen, die alten germanischen Gebräuche, noch immer in großen Ehren stehen, obschon sie, zum Nachteil der militärischen Landesgewalt, viel von ihrer vorigen Kraft verloren."

Es zeigt sich hiermit eine große ehrliche Deuterin der deutschen Seele, die um das Begreifen unseres Volkscharakters wahrhaft bemüht scheint. Sicherlich ist es ein Spiegel aus französischem Glas, der uns mit diesen förmlich „bloß stellenden" Beobachtungen vorgehalten wird, aber wir erkennen darin noch immer deutlich genug die scharfen Konturen unserer so oft unscharfen, eigensten Seelenveranlagungen. Und es ist eine sich merkwürdig anfühlende Tatsache, von einem so entfernten Geist derart treffsicher „erklärt" zu werden.

Einige Jahrhunderte vor der Madame schrieb Michel de Montaigne (1533 - 1592), Gelehrter, Philosoph und Politiker aus dem Perigord, der selbst einen deutschen Lehrer hatte und Deutschland kannte:

„Alles ist hier [in Deutschland] voll von Bequemlichkeit und Artigkeit, und vor allem von Gerechtigkeit und Sicherheit."

Gabriel de Riqueti, Graf Mirabeau schrieb in seinem Werk „De la Monarchie prussienne sous Frédéric le Grand" (Paris 1787):

„Bürger Deutschlands, hört einen Ausländer, der euch achtet, weil ihr ein großes, aufgeklärtes, verständiges Volk seid, ein Volk, das weniger verdorben ist als die meisten anderen und das durch seinen Charakter wie durch seine Verfassung abgehalten wird, Europa zu bedrohen. Schart euch um das Banner des Hauses Brandenburgs, unterstützt es, befördert sein Wachstum, freut euch über seine Erfolge ... Möge der Schutzgeist Europas und der Menschheit Preußen auf den Gipfel der Macht führen, deren es bedarf, um das Heil Deutschlands zu fördern und zu schirmen."

Der französische Offizier und Philosoph Charles de Villers (1765 – 1815), Kenner Deutschlands, Verehrer Goethes und Kants, sagte in seinem Buch „Über die Universitäten":

Charles de Villers

„Die Deutschen kennen uns im Allgemeinen besser, als wir sie kennen. Sie sind von allen Europäern diejenigen, die die fremden Völker am besten beobachten und studieren und ihnen am meisten Gerechtigkeit widerfahren lassen. Wir sehen oft, wie sie sich Mühe geben, unsere Manieren anzunehmen, unsere Sprache zu sprechen, sich in unsere Ansichten hineinzuversetzen, mit einem Worte: sich fast französisch zu machen, um uns die Möglichkeit zu geben, mit ihnen

Meinungen auszutauschen. Durch diese erzwungene Eigenschaft erscheinen sie selten als das, was sie wirklich sind, und stehen in einem unklaren und falschen Lichte vor uns, das unser Urteil beirren muss. Auf diese Weise gelingt es nicht, sie zu studieren. Man muss den Deutschen beobachten, wenn er deutsch denkt, spricht und handelt, muss ihn in seinem Nationalcharakter, in den Erzeugnissen seines eigenen Geistes, in den ihm eigentümlichen Anschauungen studieren."

De Villers Einschätzungen werden von Goethe bestätigt, wenn er sagt:

„Es liegt in der deutschen Natur, alles Ausländische in seiner Art zu würdigen und sich fremder Eigentümlichkeiten zu bequemen."

So gehört zu oben beschriebenem Nationalcharakter eine gewisse „Fremdsucht", immer das Fremde zu imitieren und gar höher zu schätzen als das Eigene. An der Sprachkultur und Mode lässt sich das bis heute beobachten, denken wir nur an die vielen englischen Verbiegungen in der deutschen Werbung, die bis zur Verballhornung der eigenen und der fremden Sprache reichen ... Wilhelm von Humboldt urteilte seinerzeit über dieses typisch deutsche Verhalten sehr milde:

„Der Deutsche, tadelt man gemeinhin, ahmt, mit Verleugnung seiner inneren Originalität, andere Nationen sklavisch nach und gibt ihnen selbst, indem er den Kampf mutwillig auf ein ihm fremdes Gebiet versetzt, einen leichten Sieg in die Hände. Bei einem weiter aussehenden Blick zeigt sich diese Nachahmung als eine vorübergehende Erscheinung und als ein Extrem einer sonst Bewunderung und Nacheiferung verdienenden Eigenschaft und erscheint vielmehr, da sie nicht aus Mangel an Kraft, sondern nur aus Mangel an einer entscheidenden Naturbestimmung entsteht, welcher der Beurteilung des Verstandes und der Stärke des Willens ein wohltätiges Übergewicht erlaubt, als ein edles Streben nach idealistischer Vielfältigkeit."

Kräftigere Rügen findet Bismarck:

„Die Neigung, sich für fremde Nationalitäten und Nationalbestrebungen zu begeistern, auch dann, wenn diese nur auf Kosten des eigenen Vaterlandes verwirklicht werden können, ist eine politische Krankheit, deren geographische Verbreitung sich leider auf Deutschland beschränkt."

Und Theodor Fontane skizziert hiermit einen Wesensunterschied zwischen Deutschland und England:

„Englands Kraft besteht in der anspruchsvollen Schätzung seiner selbst, Deutschlands Größe in der bescheidenen Würdigung alles Fremden. England ist selbstsüchtig bis zur Begriffsverwirrung, Deutschland bis zur eigenen Preisgebung."

Madame de Staël hatte ebenfalls eine beachtenswerte, gültige Meinung dazu:

„Selbstverleugnung und Achtung anderer sind Individualtugenden: aber der Patriotismus der Nationen muss egoistisch sein. Das stolze Selbstbewusstsein der Engländer ist ihrer politischen Stellung sehr nützlich; die gute Meinung, die die Franzosen von sich haben, hat immer viel zu ihrem Einfluss auf Europa beigetragen; der stolze Ehrgeiz der Spanier hat sie einst zu den Herren eines Teiles der Welt gemacht."

Zumindest für die heutige Nachahmungssucht hat der deutsche Rocksänger Heinz Rudolf Kunze eine Erklärung:

„Wir saugen alles Kulturelle aus dem Ausland auf, weil wir unsicher geworden sind, was wir mit uns selber anfangen sollen ..."

Guten Glaubens

Charles de Villers führt in seinen Betrachtungen über Deutschland weiter fort:

„Der Deutsche besitzt im Allgemeinen, so still und einfach er auch ist, einen feingebildeten Geist, den er nach außen hin wenig zur Geltung bringt, eine tiefe Nachdenklichkeit, eine Fähigkeit zur Abstraktion, die bei manchen ans Wunderbare grenzt, eine religiöse Veranlagung, die die Seele versteinert, eine starke Hingebung an die Grundsätze der Gerechtigkeit und Ehrlichkeit, an seine Pflichten als Mensch und Bürger, an seine Gebräuche, an seine Gesetze und an die Regierung ..."

Auch der Franzose erinnert an Jahrhunderterrungenschaften aus Deutschland, an den Buchdruck, „die mächtigste Waffe gegen die Barbarei", das Weltsystem des Kopernikus, die Keplerschen Gesetze.

„Man müsste Deutschland sehr schlecht kennen, wenn man nicht zuge-
ben wollte, dass die solide Bildung dort viel mehr als irgendwo anders
verbreitet ist, und dass man eine verhältnismäßig größere Anzahl von
wirklich aufgeklärten Geistern dort trifft."

Ein besonders liebenswertes Bild von Deutschland hatte der französische Schriftsteller Henri Beyle (1783 – 1842), der sich aus Verehrung
für den deutschen Altertumsforscher Winckelmann nach dessen Ge-
burtsort Stend(h)al nannte. In „Promenades dans Rome" (1829) gesteht
er nur der deutschen Nation zu, die Antike entschlüsseln zu können.
Er geht sogar so weit zu sagen: „In Wahrheit findet man nur jenseits
des Rheins wahre Wissenschaft." Über die Deutschen im Allgemeinen
denkt Stendhal:

„Die Deutschen sind ein gutgläubiges Volk, als solches besitzen sie
Einbildungskraft und daher eine nationale Musik [über die an anderer
Stelle noch zu sprechen ist] … Deutschland hat etwas Köstliches für sich;
man heiratet dort nur aus Liebe."

Das ist zwar ein schönes Kompliment, dürfte aber auch im Zusammenhang mit seiner unglücklichen Liebe zu einer jungen italienischen
Adligen stehen, deren Zurückweisung er zeit seines Lebens nicht überwinden konnte. Jedenfalls hält er fest:

„Es gibt in Frankreich viel weniger Liebe als in Deutschland, England
oder Italien."

Als Argumente führt er nicht nur Liebesheiraten in monarchischen
Kreisen ins Feld, sondern auch:

„Die Vervielfältigung von Thorwaldsens Medaillon ‚Die Nacht‘ findet
man in allen nordischen Ländern. Nur in Frankreich hat dies reizvolle
Werk keinen Eingang gefunden …"

Seine Verehrung für Deutschland ist umso glaubwürdiger, als dass
er in seinen Schriften auch mit Tadel an dem, was ihm an Deutschland
missfällt, nicht zurückhält.

Goethes Deutschland

Auch in Frankreich war das Bild von Deutschland als Land der Dichter und Denker besonders verfestigt. Ernst Renan (1823 – 1892), berühmter Historiker und Mitglied der Academie Française, schrieb am 18. September 1870, kurz nach der Sedanschlacht, an den deutschen Geschichtsforscher David Friedrich Strauß:

„Ich verdanke Deutschland, was ich am höchsten schätze, meine Philosophie, ich kann beinahe sagen: meine Religion. Ich war im Seminar zu St. Sulpice, ums Jahr 1843, als ich anfing, Deutschland kennen zu lernen durch die Schriften von Goethe und Herder. Ich glaubte, in einen Tempel zu treten ..."

In Paris verfasste er 1879 einen „Lettre à un ami d'Allemagne":

„Niemand hat mehr als ich Ihr großes Deutschland geliebt und bewundert, wie es jetzt vor 50 oder 60 Jahren war, verkörpert im Genie Goethes, vor den Augen der Welt vertreten durch jene wunderbare Vereinigung von Dichtern, von Philosophen, von Geschichtsschreibern, von Kritikern und Denkern, die den Reichtümern menschlichen Geistes tatsächlich ein neues Gebiet hinzugefügt haben. Wir alle, so viele wir sind, schulden diesem mächtigen, geistvollen, tiefsinnigen Deutschland viel, das uns durch Fichte den Idealismus gelehrt hat, durch Herder den Glauben an die Menschheit, durch Schiller die Poesie der Sittlichkeit, durch Kant den reinen Pflichtbegriff ..."

Die Brüder Goncourt berichten in ihren Tagebüchern von folgender Aussage Renans vom 6. September 1870:

„Renan hob den Kopf von seinem Teller: ‚Bei allem, was ich kennen gelernt habe, war ich immer von der überlegenen Geistesschärfe und Arbeitskraft der Deutschen betroffen ... Ja, meine Herren, die Deutschen sind ein Volk von höherer Art ... Nein, nein, nichts von einem neuen Waffengang! Mag Frankreich untergehen, mag das Vaterland untergehen, über dem allen gibt es das Reich der Pflicht und der Vernunft.'"

Renan war aber Patriot genug, Deutschlands Macht auf diesen Bereich beschränkt sehen zu wollen. Damit pflichtete er der Beobachtung Jean Pauls bei: Den Franzosen gehöre das Land, den Engländern das Wasser, den Deutschen aber die Luft ...

Treue Pflichterfüllung gehört zum festen Kanon nationaler Eigenschaften, die den Deutschen zugeschrieben werden. Der bereits erwähnte Journalist Jules Huret bemerkte nicht nur die Trinklust der Nachbarn, sondern hielt in seinem Reisebericht „Rhein und Westfalen" außerdem fest, indem er nicht der Selbstkritik entbehrt:

„Wir Franzosen haben nicht das wahre Pflichtbewusstsein, das uns unabhängig von der Furcht vor dem Vorgesetzten oder von der Hoffnung auf eine Belohnung oder ohne Eitelkeit handeln lässt. Ein Deutscher tut seine Pflicht, auch wenn sein Vorgesetzter nicht da ist und selbst wenn er von dieser Pflichterfüllung nie etwas erfahren wird."

In seinem Bericht über Berlin stellt er die Verknüpfung zwischen Pflichtbewusstsein und Militär her:

„Ich bin mir darüber vollständig klar geworden, dass die höheren Offiziere, besonders die des Generalstabs, hervorragende Persönlichkeiten sind. Auch hier spreche ich nicht von ihren militärischen Fähigkeiten, über die mir kein Urteil zusteht, sondern von ihrem Wert als Menschen, ihrem Ernst, ihrem sittlichen Empfinden, ihrer Energie und namentlich von ihrem Pflichtbewusstsein."

Militärisches Auftreten prägte das Deutschenbild spätestens seit den Tagen Friedrichs des Großen. Erinnern wir uns aber: Schon die Beschreibung der germanischen Wehrhaftigkeit in der „Germania" des Tacitus wurde in den Jahrhunderten nach der Wiederentdeckung des Werkes oft betont und rezipiert.

Pater Henri Didon, Dominikanermönch und Pädagoge, verfasste ein Buch mit dem Titel „Die Deutschen", das 1884 in deutscher Übersetzung erschien.

„Die Kaserne, die Schule: das ist es, was dem fremden Beobachter zuerst in die Augen fällt, das ist das ganze Deutschland der Gegenwart. Die Deutschen haben den Kultus der Macht und den Kultus der Intelligenz. Es gibt kein Land, in welchem der Militarismus stärker organisiert ist und die Wissenschaft allgemeiner gepflegt wird."

Aber mäßigend bemerkt er auch:

„Wir in unserem Lande scheinen den deutschen Militarismus kaum zu kennen. Wir sehen darin nur eine organisierte Maschine und vergessen den sittlichen Hebel, der diese gewaltige Maschine in Bewegung setzt. Die

deutsche Armee mit ihrer Disziplin und ihrer Hierarchie ist nur der Ausdruck des allgemeinen deutschen Volksgeistes: des Respektes und passiven Gehorsams."

Die Bedeutung des preußischen Heerwesens wurde oftmals auf ganz Deutschland übertragen, spätestens nach 1870/71 für eins genommen. Schließlich war Preußen das Herzland des neuen Deutschen Reiches.

Als Beispiel für dieses pars pro toto wollen wir noch einmal den britischen Journalisten Sidney Whitman erwähnen, der in seinem Buch „Das kaiserliche Deutschland", das auf Deutsch 1889 erschien, über Preußens Führungsrolle im Deutschen Reich im Hinblick auf die Zeit nach dem Tilsiter Frieden (1807) Preußen und den Deutschen ein grandioses Zeugnis ausstellt:

„Preußen durfte [nach den Bestimmungen des Friedensvertrags] kein größeres stehendes Heer als 42.000 Mann halten. Stein, Scharnhorst und Knesebeck arbeiteten einen geheimen Plan aus, nach welchem der größere Teil der männlichen Bevölkerung innerhalb der Jahre 1807 bis 1814 Dienst im Heere tat. Das System wurde ebenso geheim wie wirksam durchgeführt und nie den Franzosen verraten. Ein Volk, das so zu handeln verstand, war wert, den Kern eines neuen Reiches zu bilden. Dieses Beispiel, dass sich in einem ganzen Volk kein einziger Verräter fand, bleibt einer der größten nationalen Charakterzüge der Geschichte."
Dann führt er weiter aus:

„Ein so oft und so ungerecht verschrienes großartiges Militärsystem hatte ein ganzes Volk eine eiserne Disziplin gelehrt, eine Unterordnung des einzelnen, eine Unterordnung der Persönlichkeit, wie die Welt sie seit den Tagen von Sparta nicht mehr gesehen hatte – und, was mehr ist, eine Selbstunterordnung, die ihre Wurzel nicht in Furcht oder Tyrannei hat, sondern in einem sorgsam anerzogenen, tief innerlichen Ehr- und Pflichtgefühl. Das war es, was ein auf dem Schlachtfelde geborenes einiges Deutschland möglich machte ..."

Es gab aber auch gegenteilige Meinungen, die den Deutschen barbarischen Militarismus vorhielten. Arthur Rimbaud (1854 - 1891) beispielsweise sah deutsche Soldaten 1871 bei Charleville exerzieren und notierte, die Deutschen werden jetzt nach dem Sieg über Frankreich eine „eiserne, wahnsinnige Regierung" bekommen, „welche die deutsche Gesellschaft und das deutsche Denken in eine Kaserne sperren wird". Eine europäische Koalition aber werde dieses Deutschland dann vernichten.

Über die Armee, die dem sechzehnjährigen Rimbaud so grauenerweckend war, schrieb der schottische Kriegsberichterstatter Archibald Forbes (1838 – 1900) in seinem Buch „My experiences of the war between France and Germany" (London, 1871) über den Abend nach der Sedanschlacht in der Ardennenstadt Donchéry, wo sich Napoleon III. und Bismarck trafen:

„Das Schauspiel, das sich mir bot, war überwältigend. Der ganze Himmel war geisterhaft beleuchtet von dem Widerschein der Feuer. Das weite Maastal war, auf beiden Seiten des Stromes, von den Biwaks des deutschen Heeres erfüllt. Zweihunderttausend Männer lagen hier rund um ihren König. Am Horizont glühten Flammen brennender Dörfer, und ihr Flackern spiegelte sich in der Maas wider.

Was aber taten die Deutschen in dieser Nacht des Triumphes? Feierten sie ihre Siege in Saus und Braus durch Trinkgelage? Nein. Es erhob sich aus jedem Lager ein einmütiger Chorgesang – aber kein wüster, zotenhafter Gesang. Wahrlich, sie sind ein großes Volk, diese Deutschen! Der Sang, der mit feierlicher Harmonie das weite Tal erfüllte, war das glorreiche ‚Nun danket alle Gott'."

Vaterland aller Denker

Victor Hugo ist nicht gerade für eine überbordende Deutschfreundlichkeit bekannt (siehe seine antideutschen Gedichte in der Anthologie „L'Année terrible", 1871), dennoch erkennt auch er weit verbreitete Vorzüge der Nachbarnation an, ja, er verfällt sogar einer schwärmerischen Bewunderung, wie in seinem Gedicht „Wahl zwischen den zwei Völkern", wo er „An Deutschland" schreibt:

„Es sah die Welt zu keiner Zeit ein größer Volk als dich … O Land der Leute mit den blauen Augen, du hehres Licht inmitten von Europas dunkler Nacht: ein herber ungeheurer Glorienschein umstrahlt dein Haupt."

Dem langen Lobgesang auf Deutschland folgt der zweite Teil, „An Frankreich", dem ein Wort genügt: „Meine Mutter!"

In „Le Rhin, lettre à un ami" (1832), wo er den Rhein als Frankreichs Ostgrenze fordert und damit die französische Herrschaft über Elsass-Lothringen und in der Pfalz, gesteht er:

„Deutschland ist eines der Länder, die ich liebe, und eines der Völker, die ich bewundere. Ich habe fast ein kindliches Gefühl für dieses edle und heilige Vaterland aller Denker. Wenn ich nicht Franzose wäre, möchte ich ein Deutscher sein."

Zuletzt unterstreicht er die Gemeinsamkeiten zwischen den beiden Völkern:

„Glücklicherweise sind weder Frankreich noch Deutschland selbstsüchtig. Beide vielmehr sind aufrichtige, unparteiische und edle Völker; ehemals Nationen von Rittern, jetzt von Denkern; ehemals groß durch das Schwert, heute groß durch ihren Geist. Ihre Gegenwart verleugnet ihre Vergangenheit nicht, der Geist ist nicht weniger edel als das Schwert."

1870 bemerkte er:

„Zwei Nationen haben Europa gemacht. Diese zwei Nationen sind Deutschland und Frankreich. Deutschland ist für das Abendland das, was Indien für das Morgenland ist: eine Art großer Urahne."

Diesen Gedanken führt er in seinem Werk über Shakespeare weiter aus:

„Deutschland ist das Indien des Abendlandes. Alles hat Raum darin und ist darin enthalten. Karl den Großen teilt es mit Frankreich, Shakespeare mit England. Es hat einen Olymp – die Walhalla. Es wollte eine eigenen Schrift haben, Wulfila schuf sie, und die gotische Schrift steht nun ebenbürtig neben der arabischen. Der Anfangsbuchstabe eines Missales ist so phantasiereich wie die Unterschrift eines Kalifen. Deutschland erfand wie China den Buchdruck. Nach dem Tempel von Tausana, den Germanikus zerstörte, baute es den Kölner Dom. Deutschland ist die Großmutter der französischen Geschichte und die Urmutter unserer Legenden. Von allen Seiten her, vom Rhein und von der Donau, von der rauen Alb und von Lothringen, durch alte Volkssänger, durch die Minnesänger, kommen ihm das Märchen und die Sage zu, diese Traumformen und gehen in seinen Geist über. [...]

Nach den Geistestaten hat der deutsche Genius andere Grenzen als das deutsche Land. Manches Volk, das der deutschen Kraft widerstrebt, unterwirft sich dem deutschen Geiste. Was es nicht unterwirft, nimmt es ins Ich auf. Die deutsche Natur verflüchtigt sich gleichsam und schwebt über den Nationen. Der deutsche Geist ist wie eine unermessliche Geistwolke, durch welche Sterne glänzen.

Der höchste Ausdruck Deutschlands aber kann vielleicht nur durch die Musik gegeben werden."

Ein Volk der Tondichter

Die Deutschen und die Musik! Immer wieder, wo man auch ausländische Stimmen über die Deutschen und ihre Seele, ihren Charakter, liest, werden vorzüglich zwei Namen genannt: Luther und Beethoven. Vielleicht könnte man sogar so weit gehen zu sagen, dass der eine ohne den anderen nicht denkbar wäre, denn was an Beethoven so unendlich große Faszination ausübt, ist seine individualistische Person, deren Verwirklichung in der europäischen Geistesgeschichte erstmals Luther durch die Erhebung des eigenen Gewissens zur Instanz ermöglichte. Luther ist die wichtigste als kerndeutsch begriffene Gestalt. Wen wundert es aber bei der deutschen Affinität zur Musik, dass der Reformator selbst ein hervorragender Tondichter war und etliche seiner Verse, die längst Kirchenlied- und Volksgut geworden sind, selbst vertonte?

Ernst Bertram bemerkte einmal, unser Volk sei „auf Musik getauft" und formulierte damit eine Einschätzung, die das Ausland voll Bewunderung teilt.

Zum Beispiel bereits zitierter Pater Didon:

„Man kann Deutschland den Ruhm nicht streitig machen, der menschlichen Leier die mächtigsten, tiefsten, berauschendsten, göttlichsten Töne entlockt zu haben. In Deutschland hat die musikalische Harmonie ihre unsterblichen Dolmetscher gefunden. Kein Name steht denen Beethovens und Mozarts gleich."

Und tatsächlich war es stets die Tonkunst, die das Bild der Deutschen, ihrer Nationalseele und ihrer Eigentümlichkeit im Ausland prägte. Da kann selbst ein Thomas Mann sich nicht zurückhalten und muss feststellen:

„Die Deutschen sind vorwiegend Musiker der Vertikale, nicht der Horizontale, größere Meister der Harmonie, in dem Balzac die Kontrapunktik einschließt, als der Melodik, Instrumentalisten mehr als Verherrlicher der menschlichen Stimme, dem Gelehrten und Spirituellen in der Musik weit mehr zugewandt als dem Gesanghaft-Volksbeglückenden. Sie haben dem Abendland, ich will nicht sagen: seine schönste, gesellig-verbindendste, aber seine tiefste, bedeutendste Musik gegeben, und man hat ihnen Dank und Ruhm dafür nicht vorenthalten."

Beethoven-Denkmal in der Library of Congress, Washington

Leider lässt Mann bei seinen Betrachtungen die Bedeutung des Volksliedes, das an geselligem „Gesanghaft-Volksbeglückenden" nicht zu überbieten sein dürfte, außen vor. Kein anderes Volk der Welt kann auf einen vergleichbaren Schatz seiner eigenen Überlieferung verweisen. Schärfer urteilte da der bereits erwähnte britische Professor Herford:

„Die deutsche Musik würde nicht so köstlich sein, wie sie ist, wenn die lyrische Ader, die Gemütsstimmung, welche dem Gesang antwortet und ihm freudig entgegen tönt, nicht ein fast allgemeines Erbteil des deutschen Volksstammes wäre."

Bemerkenswert ist, dass Deutsche mit ihrer empfindsamen Musikalität etlichen anderen Völkern der Welt zu deren Nationalhymnen verhalfen. Ferenc (Franz) Erkl, der Komponist der Nationalhymne Ungarns, war deutscher Herkunft. Finnlands Hymne, deren Melodie auch Estland übernommen hat, stammt aus der Feder des Hamburgers Friedrich Pacius. Ekuador verdankt seine Nationalweise Antonio Neumane, der eigentlich Anton Neumann hieß. Honduras erhielt sie durch Carlos (Karl) Hartling, ursprünglich aus Erfurt. Das afrikanische Königreich Lesotho stimmt seine Hymne zur Weise von Ferdinand Samuel Naegeli genannt Laur, einem Deutschschweizer, an. Für das Fürstentum Monaco schrieb der deutsche Orchestermusiker Charles Albrecht die Hymne, für Portugal Alfredo Keil.

Neben Beethoven und Mozart werden immer wieder Bach und Wagner genannt, wenn das Ausland über deutsche Musik spricht.
Wagner erkannte über Bachs Passionsmusik und Oratorien:

„Welcher Reichtum, welche Fülle von Kunst, welche Kraft, Klarheit und dennoch prunklose Reinheit sprechen aus diesen einzigen Meisterwerken! In ihnen ist das ganze Wesen, der ganze Gehalt der deutschen Nation verkörpert."

Wagner ist vielleicht derjenige unter den vieren, der weltweit am meisten als eine dämonische deutsche Symbolfigur begriffen wird, und so auch seine Musik. Nietzsches Urteil über die Meistersinger-Ouvertüre enthält bemerkenswerterweise sein berühmt gewordenes Zitat über die Deutschen als Volk ohne Heute:

„Alles in allem keine Schönheit, kein Süden, nichts von südlicher feiner Helligkeit des Himmels, nichts von Grazie, kein Tanz, kaum ein Wille zur Logik, eine gewissen Plumpheit sogar, eine schwerfällige Gewandung, etwas Willkürlich-Barbarisches und Feierliches, ein Geflirr von gelehrten und ehrwürdigen Kostbarkeiten und Spitzen, etwas deutsches im festen und schlimmsten Sinne des Wortes, etwas auf deutsche Art Vielfaches,

Unförmiges und Unerschöpfliches, eine gewisse deutsche Mächtigkeit und Überfülle der Seele, die zugleich jung und veraltet, übermürbe und überreich noch an Zukunft ist. Diese Art Musik drückt am besten aus, was ich von den Deutschen halte: sie sind von vorgestern und übermorgen – sie haben noch kein Heute."

Als Beethoven 1827 starb, huldigte ihm Franz Grillparzer in der Grabrede als „Helden des Sanges in deutscher Sprache und Zunge". Wörtlich sagte Österreichs großer Dichter:

„Indem wir hier am Grabe dieses Verblichenen stehen, sind wir gleichsam Repräsentanten einer ganzen Nation, des deutschen gesamten Volkes."

Von der deutschen Musik zum bedeutenden Musikgenie Frankreichs: Hector Berlioz. Er fühlte der deutschen Nation gegenüber, wie er bekannte, Dankbarkeit, Bewunderung – und Bedauern. Nach einem längeren Aufenthalt in Deutschland schrieb er zum Abschied:
„Welche Hymne soll ich singen, würdig seiner Größe, seines Ruhmes? So weiß ich nichts anderes zu sagen, als scheidend mich in Ehrfurcht zu verneigen und mit bewegter Stimme ihm zu sagen: Vale, Germania, alma parens!"

Auch in seinen Lebenserinnerungen ist der Deutschlands eingedenk:
„So schließe ich, überschwänglichen Dank im Herzen für das heilige Deutschland, wo die Kunstpflege sich rein erhalten hat."

La dolce vita ...

La dolce vita, laissez-faire – das kennt der Deutsche nicht. Er kann nicht die Gegenwart leichter, südlicher Stunden grenzenlos verschwenden. Die geographische Lage spiegelt sich hier mit ihren ganzen Folgen wieder. Hinzu kommt, dass Deutschland nie gänzlich unter romanischen Einfluss durch die antike Supermacht Rom geraten war.

Henri Lichtenberger (1864 - 1941), der Begründer der modernen französischen Germanistik, schrieb in seinem Werk „L'Allemagne moderne":

„Der Deutsche ist keinesfalls kunstsinnig, noch wollüstig, noch leidenschaftlich im Sinne der Romanen. Er ist nicht wie ein Liebhaber des

Nichtstuns und der Muße, des ‚Lebens in Schönheit‘, der heiteren Geselligkeit. Ernst und tüchtig, ausdauernd und gewissenhaft, ist er von altersher an eine ernste, sittliche Disziplin gewöhnt, auch frühzeitig einer rauen militärischen Disziplin unterworfen, und aus dieser Eigenart ohne Anmut und Glanz erwächst ein lebenskräftiger, geduldiger, planmäßig vorgehender Wille zur Macht, der die Fähigkeit besitzt, mit unermüdlicher Ausdauer den Zweck zu verfolgen, den er sich einmal vorgesetzt hat, ohne sich davon jemals durch eine Laune oder eine Leidenschaft abbringen, ohne sich je durch eine Schwierigkeit oder ein Hindernis abschrecken zu lassen.“

Der Ingenieur und Journalist Victor Cambon (1852 – 1927) attestiert in seinem Buch „Die letzten Fortschritte Deutschlands“, das kurz vor dem Ersten Weltkrieg erschien, den Deutschen eine arbeitsame Unruhe:

„Der Deutsche ruht sich niemals aus. Er will sich wohl zerstreuen, und zwar ausgiebig, aber nur, um am nächsten Tag und bis zu seinem Tode zu seiner Werkstatt, zu seiner Kanzlei und seinen Forschungen zurückzukehren. Man sieht ihn nie vor einer Arbeit, mag sich auch noch so hart und erdrückend erscheinen, zurückschrecken. Das ist das Geheimnis der Riesenunternehmungen, die wir an allen Ecken und Enden seines Vaterlandes emporschießen, sich entwickeln und ohne Ende vergrößern sehen.“

Italiener über Deutsche

Italiener über Deutsche

Faust internnational: Der französische Opernsänger Lucien Muratore (1878 – 1954) in der Titelrolle der Oper von Charles Gounod

Der Dichter Christian Dietrich Grabbe entwarf in seinem Drama „Don Juan und Faust" die gegensätzlichen Lebensvorstellung des südlichen und nordischen Menschen, um nach Höherem zu streben. Don Juan ist aber niemand anderes als Don Giovanni, dem nicht zuletzt Mozart durch seine Oper zur mystischen Unsterblichkeit verhalf.

La dolce vita – diese Lebensart, die den Deutschen unbekannt scheint, verkörpert wohl keine andere Nation so sehr wie die Italiener. Italien war stets das Land der deutschen Sehnsucht, von den Goten bis Goethe.

Dialektik der Volksseele

Georg Simmel, deutscher Philosoph und Soziologe jüdischer Abstammung, erkannte 1917 über „Die Dialektik des deutschen Geistes":

„Die ganze deutsche Geistesgeschichte aber erweist: das Ideal des Deutschen ist der vollkommene Deutsche – und zugleich sein Gegenteil, sein Anderes, seine Ergänzung. Daher die uralte deutsche Sehnsucht nach Italien, nicht nur nach der Schönheit und den Darbietungen des Landes, sondern auch nach dem italienischen Leben, das dem deutschen so entgegengesetzt wie möglich ist und das viele von uns, nicht trotzdem, sondern gerade wegen dessen als das einzige ihnen gemäße, ja ihnen einzig mögliche empfunden haben.“

Matilde Serao (1856 – 1927), eine griechischstämmige, italienische Schriftstellerin und Journalistin, Gründerin und Herausgeberin der auflagestarken Tageszeitung „Il Matino“, hielt über den „unvergleichlichen Freund“ der Italiener, Deutschland, fest:

„Was Italien an Schönheit birgt, die Grazie seines Volkes, die Größe seiner Denkmäler, den edlen Schimmer seiner Kunst haben allein die Deutschen verstehen, schätzen und lieben können, und zwar nicht nur ihre größten Dichter und größten Künstler, nicht nur Philosophen und Gelehrte, sondern das ganze deutsche Volk, dessen höchste Sehnsucht stets die Reise nach Italien war.“

Die Beziehungen zwischen Italienern und Deutschen sind mannigfaltig. Im Gedanken- und Kunstaustausch hat sich ein Miteinander immer fruchtbar erwiesen. Mit den Herulern, Rugiern, Ostgoten, Langobarden und Normannen gingen germanische Stämme im italienischen Volk auf. Schicksalsgenossen fanden sich in beiden Völkern während der Einheitsbewegungen des 19. Jahrhunderts.

So schrieb der italienische Nationalist Giuseppe Mazzini (1805 – 1872), dessen großes Lebensziel die Selbstbestimmung aller europäischen Völker war, in einem Brief an den Grafen Guido von Usedom, der sich am 17. November 1867 als preußischer Gesandter in Florenz aufhielt:

„Ich glaube an die Einheit Deutschlands und wünsche sie herbei wie die meines eigenen Vaterlandes. Ich verabscheue das Kaisertum und die Oberhoheit, welche Frankreich sich über Deutschland anmaßt. Ja, ich glaube, dass ein Bündnis Italiens mit Frankreich gegen Preußen, dessen Siegen wir Venedig verdanken, ein Verbrechen wäre, welches unsere junge Fahne unauslöschlich beflecken würde.“

Dante und Deutschland

Dante Alighieri (1265 – 1321) gilt zu Recht als einer der wichtigsten Dichter des Abendlandes, ja sogar der Welt. Mitunter vermutete die Forschung mütterlicherseits eine deutsche Herkunft. Unvergleichliches hinterließ er jedenfalls mit seiner „Göttlichen Komödie", in der er für den ganzen geistigen Horizont der alten Welt Maßstäbe setzte. Der Florentiner schuf die ersten Voraussetzungen für ein italienisches Volkstum. Er war in der zweiten Hälfte seines Lebens ein glühender Ghibelline, also ein Anhänger des römischen Kaisertums deutscher Nation. Ihnen gegenüber standen die Guelfen als Verfechter des Papsttums. Im „Fegefeuer" geht er scharf mit den ersten Habsburger Kaisern ins Gericht, denen er vorwirft, Italien sich selbst überlassen und die alte Kaisermacht nicht wiedergestellt zu haben. Dante hoffte auf eine Einigung der Italiener unter der Führung des deutschen Kaisertums.

Der deutsche König Heinrich VII. aus dem Geschlecht der Luxemburger, das neben den Habsburgern die meisten deutschen Könige im Spätmittelalter stellte, war der erste König, der nach 92 Jahren, also seit Friedrich II., auch römischer Kaiser wurde. Dante bejubelte ihn, als er 1310 in Italien einzog, als Retter seines Vaterlandes. Seine Parteiname für den König büßte er mit Exil. Den Kaiser aber verklärte er in seiner „Göttlichen Komödie" als „alto Arrigo", den hohen Heinrich.

O, Jahrhundert, o, Wissenschaft!

1903 war es ein Deutscher, der einem Italiener zu literarischer Unsterblichkeit verhelfen wollte: Kolbenheyer hatte sein Renaissance-Drama um Giordano Bruno (1548 – 1600) fertig gestellt.

Seine zuerst unfreundliche Meinung über Deutschland („Die Vertreibung der triumphierenden Bestie"), die auch satirische Seitenhiebe auf die vielen Kurzsichtigen und Bierbäuche in Deutschland enthält, revidierte Giordano Bruno nach einem Aufenthalt in Deutschland. Bei seinem Abschied von der Universität Wittenberg (1588) hielt er geradezu eine Apotheose auf Deutschland:

„Hier in Deutschland hat die Weisheit sich ihr Haus gebaut. Gib, o Jupiter, dass die Deutschen ihre eigene Kraft kennenlernen und ihren Fleiß höheren Zielen zuwenden, und sie werden nicht Menschen, sondern Götter sein. Göttlich, ja göttlich, ist der Geist dieses Volkes, das nur in jenen Studien den Vorrang noch nicht einnimmt, an welches es bis jetzt keine Geschmack findet."

Giovanni Diotavelli verfasste das 1907 auf Deutsch erschienene Buch „Die Deutschen der Gegenwart nach den Beobachtungen eines Italieners". Hierin schreibt er, dass die Haupteigenschaft der Deutschen eine besondere Art der Intelligenz sei:

„Eine Intelligenz zwar, die im Allgemeinen keine großen Anläufe wagt, aber dafür mit der Fähigkeit des fortschreitenden Durchdringens begabt ist, einer Fähigkeit, in der sich die Gewohnheit der heutzutage den Deutschen zur zweiten Natur gewordenen Methode widerspiegelt; dann Arbeitsamkeit, Geduld, Korrektheit und Ehrlichkeit im Sinne der Übereinstimmung von Gedanken und Ausdruck und von Versprechen und Halten. Wahrlich keine geringen Vorzüge!"

Auch er rühmt Deutschlands Verdienst um die Welt als Volk der Dichter und Denker:

„Alle Welt weiß, dass Deutschland mehr als alle anderen Völker zur Entwicklung des gesamten modernen Wissens beigetragen hat, dass in Deutschland kein Wissenszweig vergessen, kein Wissenszweig unbeleuchtet geblieben ist."

Dem pflichtet Emilio Bodrero (1874 - 1949), Philosophie-Professor an der Universität Messina, bei.

„Es gibt keine Zweig menschlicher Betätigung, der nicht dem germanischen Geist anheimgefallen wäre, so dass sich jedermann die deutsche Sprache zu eigen machen musste, der sich ernstlich in irgendein Fach vertiefen wollte ... In System, Methode und Disziplin steht Deutschland an der Spitze der Weltkultur. Es ist dies die Kultur der Objektivität. In Praxis und Theorie haben deutsche Männer nicht bloß Mustergültiges, sondern durch ihre Exaktheit und Präzision das Entscheidende geleistet."

Einen Eindruck der deutschen Volksseele vermittelte der Journalist Luigi Ambrosini (1883 – 1929), der als Sonderberichterstatter für die Turiner Zeitung „La Stampa" eine Reise aus Deutschland zusammenfasste:

"Ich habe wahrhaftig in diesen Kindern, in diesen klassischen Pedanten, in diesen ruhigen und umsichtigen Kaufleuten die wirklichen Nachkommen der alten Kampfgenossen des Arminius wiedererkannt. Die Tiefe der Volksseele ist antik und doch jung geblieben und immer noch von dem alten Kampfesmut erfüllt. An der Oberfläche dieses Volkes seht ihr die Ruhe, die Disziplin, den Gehorsam, die Regelmäßigkeit, die Sanftheit, die Leichtgläubigkeit, den Mystizismus, den Frieden und eine unbestimmte Traumwelt."

„Herman the German": Denkmal in Neu-Ulm (Minnesota, USA, 1897)

Russen über Deutsche

„Die Entstehungsgeschichte deutscher und russischer Humanität – ist nicht auch sie dieselbe, – eine Leidensgeschichte nämlich? Welche Verwandtschaft in dem Verhältnis der beiden nationalen Seele zu ‚Europa‘, zum ‚Westen‘, zur ‚Zivilisation‘, zur Politik, zur Demokratie!" – Thomas Mann, Betrachtungen eines Unpolitischen

Mannigfaltig sind die Gemeinsamkeiten zwischen Russland und Deutschland schon immer gewesen. Oft wurde auch der Seele der beiden Völker eine enge Verwandtschaft nachgesagt, die in der weiten Schwermut ihren Ausdruck fand, in ihrer Sehnsucht nach Märchen und Legenden. Die Geschichte kostete die Völker fast diese Seele, wie viel tatsächlich davon übriggeblieben ist, müssen nachfolgende Generationen beobachten, wenn unsere Tage selbst Teil dieser Geschichte sind. Aus den Feinden des 18. Jahrhunderts waren im 19. Jahrhundert gegen Napoleon Waffenbrüder geworden. Die welthistorischen Ereignisse der folgenden Jahrzehnte entzweiten Europa und Deutschland und Russland, so dass sich die beiden Nationen im 20. Jahrhundert in zwei mörderischen Kriegen wieder als Gegner gegenüberstanden.

Lew Kopelew (1912 – 1997), führender russischer Germanist und Schriftsteller, bemerkte:

„Doch in dem Wirrwarr nationaler, staatspolitischer und ideologischer Gegensätze blieben die geistigen Verbindungen unversehrt, und auch die geistige Wahlverwandtschaft, die auf allen sozialen Ebenen wirksam war, sowohl bei der intellektuellen Elite, deren Entwicklung von der deutschen Philosophie, der deutschen Dichtung und Kunst mitbestimmt war, als auch bei den gewöhnlichen Menschen, die alltäglich deutschen Lehrern, Ärzten oder Handwerkern begegneten, hatten Bestand."

Russland und Europa

Bei den 68. Filmfestspielen von Venedig gewann im September 2011 ein russischer Film den begehrten Goldenen Löwen, der eine Brücke zwischen deutscher und russischer Kultur schlug: „Faust", inszeniert vom russischen Regisseur Alexander Nikolajewitsch Sokurow, gefördert von allerlei staatlichen Fonds. Dazu erklärte Produzent Andrey Sigle:

„Der Film ist ein großes russisches Kulturprojekt, was Putin sehr wichtig ist. Er betrachtete den Film als Möglichkeit, die russische Mentalität in die europäische Kultur einzubringen, die Integration Russlands in die europäische Kultur zu fördern."

Der Film ist mit Originalversen von Goethe durchsetzt, die Sprache durchwegs Deutsch. Der Regisseur selbst versteht die deutsche Sprache nicht, doch schien sie ihm wohl zur Überfigur des Faust, Inbegriff des Deutschen, zu gehören und auch dramaturgisch wirksam zu sein. Faust steht auch bei Sokurow für den „faustischen Geist", der zwar universelle Züge hat, aber typisch deutsch ist.

Sokurows „Faust" wolle keinen besonderen Bezug auf die Gegenwart nehmen und sei zeitlich im frühen 19. Jahrhundert angesiedelt, erklärt Produzent Sigle. Dennoch spiegle er Sokurows langwierige Versuche wider, „den Menschen und seine inneren Kräfte zu verstehen". „Faust" ist der Abschluss einer Tetralogie, deren vorangegangene Teile sich mit Hitler („Moloch", 1999), Lenin („Taurus", 2001) und dem japanischen Kaiser Hirohito („The Sun", 2005) beschäftigt haben.

Dass der Weg aber niemals an Goethe vorbei führen kann, wenn es sich um „Faust" handelt, weiß auch der Russe. Trotz aller Freiheiten, die er sich für seine Interpretation genommen hat, bekennt er:

„In der europäischen Literatur des 19. und 20. Jahrhunderts gibt es keine andere Figur, die so wichtig ist wie Faust. Und kein anderer Dichter war richtungsweisender als Goethe. Goethe ist das erste Genie der Weltliteratur."

Die russischen Deutschen

Drei Gruppen von Deutschen lebten bei und mit den Russen. Sie waren es vornehmlich, die im 18./19. Jahrhundert, dem Zeitalter des aufblühenden Nationalismus, das Bild der Deutschen in Russland prägten. Es handelte sich hierbei zum einen um die Deutschbalten, dem Landadel oder der Bourgeoisie zugehörig, die oftmals in höhere Staatsämter aufstiegen. Dann die Bauernkolonisten, die Zarin Katharina die Große an der Wolga ansiedeln ließ und die die dortige Steppe zum Blühen brachten. Diese blieben völlig unter sich, ohne dass eine Assimilation stattfand. Der englische Reisende D.M. Wallace besuchte Russland in den 70er Jahren des 19. Jahrhunderts und hielt fest, dass bei den Bauern „die Deutschen Deutsche und die Russen Russen sind, und damit hat sich's". Die letzte deutsche Gruppe in Russland sind die Städter, vor allem in Petersburg und Moskau. Unter diesen finden sich Unternehmer, Kaufleute, Ärzte, Lehrer, Beamte, Offiziere, Diplomaten, aber auch Künstler und Handwerker. In Petersburg lebten um 1840 30.000 Deutsche.

Dementsprechend kursierten in den Städten sogenannte „Lubokbilder", kleine Karikaturen, die sich auch die Deutschen vornahmen und heute eine wertvolle Quelle für das Deutschenbild des einfachen russischen Volkes sind. Mit „Nemec" wurde zunächst ein eingebildeter, dummer Herr bezeichnet, wobei das Wort sich auf alle Ausländer im Allgemeinen erstreckte. „Nemec" heißt übersetzt „Der Stumme", also jeder, der keine slawische Sprache spricht. So verschmelzen auf diesen Bildern „Deutscher" und „Ausländer" zu einem. Auf einem Bild aber heißt es nicht über die Fremden allgemein, sondern über das „Land Deutschland": „Sanfte und friedliche Menschen, dem Trunk und der körperlichen Ruhe gewogen."

Im Siebenjährigen Krieg prägte ein Feindbild, das von oben oktroyiert war. Eine Vorstellung war dabei unter Russen besonders verbreitet: Die preußischen Dragoner mögen körperlich und waffentechnisch zwar überlegen sein, die russischen Kosaken aber könnten sie mit ihrer besonderen Schneidigkeit überwinden. Die Preußen kämpfen „wie Tiere", die Russen aber „wie Löwen". Das Bild wandelte sich, als Russen und Preußen Verbündete gegen Napoleon wurden.

Leo Tolstoi

Im 19. Jahrhundert verfestigten sich dann auch einige russische Sprichwörter, die Bezug auf Deutsche nehmen. Zum Beispiel: „Was dem Russen bekommt, ist des Deutschen Tod". Zum fliegenden Begriff wurden auch „deutsche Gelehrsamkeit", der allerdings ein leicht abwertender Tonfall von „Schulmeisterei" beigemengt war, sowie deutsches Geschick: „Der Deutsche hat für alles ein Werkzeug". Daneben war der „Nemec" eine feste komische Figur im Petruschka-Theater, dem russischen Pendant zum Kasperl-Theater. Außerdem bürgerten sich verschiedene Kosenamen für die Deutschen ein: „Wurst", „Räucherdeutscher", „Speckstück" (wahrscheinlich auf kulinarische Gewohnheiten zurückzuführen ...).

Der russische Kunsthistoriker und Politiker Dmitri Alexandrowitsch Rowinski (1824 – 1895) gibt dabei zu bedenken:

„All das ist nicht mehr als ungereimte Spötterei. Der Deutsche war tief ins russische Leben eingedrungen. Wohin man auch blickt, überall ist er, oben und unten, sitzt und arbeitet. An einigen Stellen ist er russischer geworden als mancher Russe. Was macht das Volk ihm zum Vorwurf? Den Deutschen schlagen, heißt, sich selber auf die Wange zu schlagen, aber ein wenig über Ivan Ivanowitsch zu lästern, das muss einfach sein."

Kein Hass!

Leo Tolstoi (1828 -1910), der große russische Dichter („Anna Karenina", „Krieg und Frieden") und Philanthrop, sagte nach den russischfranzösischen Annäherungen 1893 in Toulon und Kronstadt in „Patriotismus und Christentum" über das deutsch-russische Verhältnis:

„Es ist eine Lüge, wenn man uns andichtet, dass wir die Deutschen hassen und ihnen misstrauen, und eine noch größere Lüge, zu behaupten, dass das Ziel aller dieser unanständigen, wahnsinnigen Orgien die Aufrechterhaltung des Friedens in Europa sein solle. Wir wissen alle, dass wir weder früher noch jetzt irgendeine besondere Vorliebe für die Franzosen oder eine besondere Abneigung gegen die Deutschen empfinden."

Worin die Natürlichkeit einer Annäherung zwischen Deutschland und Russland bestehen könnte, hielt Fedor Dostojewski (1821 – 1881) in seinem Tagebuch fest (August 1870):

„Der kennzeichnendste, wesentlichste Zug dieses großen, stolzen und besonderen Volkes bestand schon seit dem ersten Augenblick seines Auftretens in der geschichtlichen Welt darin, dass es sich niemals, weder in seiner Bestimmung, noch in seinen Grundsätzen, mit der äußersten westlichen europäischen Welt hat vereinigen wollen, d.h. mit allen Erben der altrömischen Bestimmung. Es erhob gegen diese Welt Einspruch diese ganzen zweitausend Jahre hindurch, und wenn es auch sein eigenes Wort nicht aussprach – und es überhaupt noch nie ausgesprochen hat, sein scharf gefasstes, eigenes Ideal, zum tatsächlichen Ersatz für die von ihm zerstörte altrömische Idee – so, glaube ich, war es doch im Herzen immer überzeugt, dass es noch einmal imstande sein würde, dieses neue Wort zu sagen und mit ihm die Menschheit zu führen.

Schon mit Armin begann es, gegen die römische Welt zu kämpfen. Dann, zur Zeit des römischen Christentums, kämpfte es mit dem neuen Rom mehr denn jedes andere Volk um die Oberherrschaft. Und endlich protestierte es in der allermächtigsten Weise, indem es die neue Formel des Protestes aus den geistigen, elementarsten Gründen der germanischen Welt zog. Die Stimme Gottes tönte aus ihm und verkündete die Freiheit des Geistes."

Mit einem „neuen Wort" mein Dostojewski, wie er in seinem Meisterwerk „Schuld und Sühne" deutlich macht, einen revolutionären Menschheitsgedanken, den er beim deutschen Volk vor allem durch Luther und seine Freiheitsidee verkörpert sieht.

Schillers Geist

Freiheit und deutsch – wo diese beiden Worte fallen, ist ein Name nicht weit: Schiller. Über die Schillerschen „schönen Seelen" urteilt Dostojewski in „Schuld und Sühne":

„Bis zum letzten Augenblick schmücken sie einen Menschen mit Pfauenfedern, bis zum letzten Augenblick glauben sie an das Gute und nicht an das Böse im Menschen; obwohl sie die Kehrseite der Medaille ahnen, belügen sie sich lieber selbst, weil ihnen schon vor dem Gedanken graust. Mit beiden Händen wehren sie sich gegen die Wahrheit, bis ihnen schließlich der ausgeschmückte Mensch eigenhändig eins auf die Nase haut."

Eine Unterart der schon zitierten deutschen Gutgläubigkeit?

Auch Nikolai Gogol (1809 – 1852), der russische Schriftsteller ukrainischer Herkunft, war ein begeisterter Schiller-Verehrer. 1827 schrieb er an seine Mutter:

„Für den Schiller, den ich aus Lemberg bestellt hatte, habe ich 40 Rubel gegeben – eine recht ansehnliche Summe für meine Verhältnisse; aber ich bin überreich belohnt und verbringe jetzt einige Stunden am Tage aufs angenehmste."

Schiller machte solch einen nachhaltigen Eindruck auf ihn, dass sein ganzes Kunstverständnis im Schillerschen Sinne gesehen werden muss, angefangen bei der „Schaubühne als moralischer Anstalt" bis zur „Ästhetischen Erziehung". In den „Petersburger Aufzeichnungen" von 1836 nennt Gogol die Deutschen „jenes gründliche, jenes zu tiefem ästhetischen Genuss veranlagte Volk", und spricht vom „strengen, umsichtigen Lessing" und vom „edelmütigen, feurigen Schiller, der die Würde des Menschen in so poetischem Lichte ausgesprochen hat".

Von Gogols Werk aus seiner Schulzeit, zu der er Schiller las, ist nichts erhalten geblieben. Tatsächlich schrieb er aber ein Stück mit dem Titel „Die Räuber".

Ein herrliches Bild der Deutschen zeichnete der Dichter Maxim Gorki (1868 – 1936) im Mai 1915, als Europa schon in Flammen stand, vor einer Studentenversammlung in Moskau, am 8. Juli in der Bukarester Zeitung „Tägliche Rundschau" wiedergegeben wurde:

„Deutschland müssen wir achten. Wir sehen sein Volk mit ruhigem Herzschlag in den fürchterlichsten aller Kriege ziehen, ungeübte Hände ergreifen freiwillig die Waffen, unterwerfen sich freudig den Härten des Soldatenlebens, nicht weil es befohlen wird, nein, weil jeder Deutsche die Notwendigkeit fühlt, dass sein rotes, warmes Blut dem Vaterland gehört und für den deutschen Gedanken fließen muss.

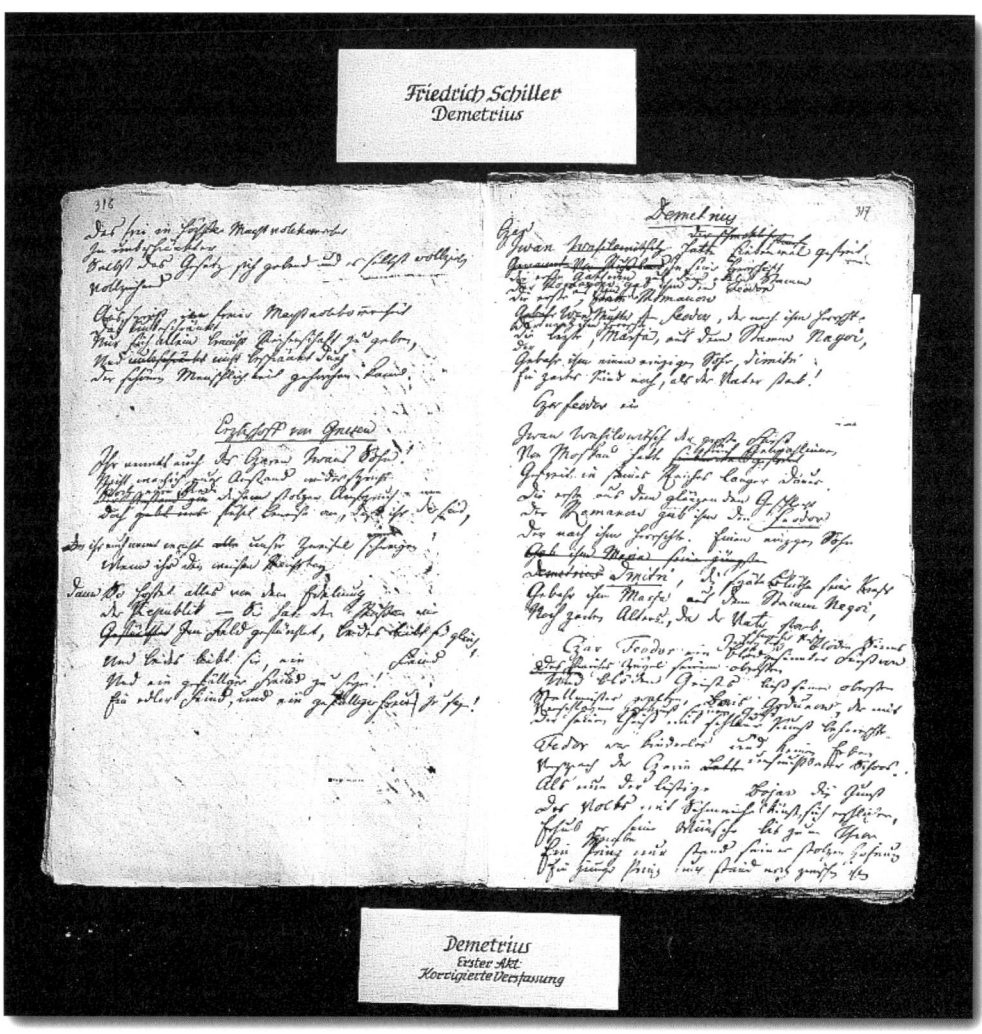

Schillers Dramenfragment über den russischen Zaren Demetrius

Was ist der deutsche Gedanke? Deutschland ist ein helles Land, die Sonne kann in jeden Winkel hineinscheinen, und nirgends findet sie Unrat. Der Deutsche ist wissensdurstig, der Deutsche fordert seine Schulen, er fordert Wissen, er fordert Klarheit ...

Der Deutsche kennt den russischen Geist besser als der Russe selbst und führt seinen Kampf gegen unsere Schwächen. Deutschland hat für seine Denker kein Sibirien. Darum konnte sich der deutsche Geist entfalten zu einer alles beschattenden Größe. Wollen wir Deutschland besiegen, so müssen wir uns zunächst selbst erziehen."

Segensreiche Zukunft?

Im Jahr 2005 gab die Rosa-Luxemburg-Stiftung mit dem Soziologischen Zentrum der Russischen Akademie für Staatsdienst eine Studie in Auftrag, die sich mit dem bilateralen Verhältnis von Deutschland und Russland befasste: „Deutschland und die Deutschen in den Augen der Russen" und „Russland und die Russen in den Augen der Deutschen."

Während 55 Prozent der deutschen Befragten der Ansicht waren, dass Deutschland und Russland international eher Verbündete als Gegner seien, teilten diese Meinung nur 24 Prozent der Russen. Doch hier wie dort vertrat nur ein winziger Prozentsatz, nämlich 3,4 Prozent, beziehungsweise 5,4 Prozent, die Ansicht, die Länder seien eher Gegner. 59 Prozent der Russen meinten, die Deutschen seien weder Gegner noch Verbündete, aber gute Partner. Eine deutsch-russische Zusammenarbeit zur Eindämmung der US-Weltpolitik würden mehr als 75 Prozent der Deutschen und 69 Prozent der Russen im Grunde positiv bewerten. Lagen in den beiden bisher gestellten Fragen die positiven Einschätzungen deutlicher auf deutscher Seite, verkehren sich die Verhältnisse bei der dritten Frage: „Welche Gefühle hegen Sie insgesamt zum gegenwärtigen Russland/Deutschland?"

Positive Gefühle dem anderen gegenüber bestätigten 44 Prozent der Russen, aber nur 26 Prozent der Deutschen. Ein Drittel der Russen, aber fast zwei Drittel der Deutschen sprachen von gemischten, also sowohl positiven als auch negativen Gefühlen. Nur fünf Prozent der

Russen und neun Prozent der Deutschen brachten negative Gefühle zum Ausdruck.

Dabei meinten in beiden Ländern nur kleine Minderheiten, große kulturelle Gemeinsamkeiten zu finden.

Nur kleine Minderheiten von vier Prozent in Russland und sechs Prozent in Deutschland meinen, dass sich beide Kulturen sehr nahe stehen, während 25 Prozent der Deutschen, aber nur 14 Prozent der Russen eine klare kulturelle Distanz zwischen Deutschen und Russen empfanden. „Das Meinungsbild der Ostdeutschen weicht von diesem Befund ab, sie sehen viel häufiger kulturelle Gemeinsamkeiten und signifikant seltener, dass die Kulturen von Russen und Deutschen recht weit auseinander liegen", so die Macher der Studie.

Deutliche Mehrheiten in beiden Ländern erwarteten eine positive Entwicklung der Beziehungen zwischen Russland und Deutschland in den nächsten Jahrzehnten. 83 Prozent der Russen und 86 Prozent der Deutschen rechneten mit einer Annäherung.

Die Umfrage scheint bemerkenswert: 60 Jahre nach dem Ende des Zweiten Weltkrieges, der über beide Völker unermessliches Leid gebracht hat, einenhalb Jahrzehnte nach der Wiedervereinigung, hat sich hier in den Köpfen der Menschen die Völkerversöhnung vollzogen.

Amerikaner über Deutsche

Amerikaner über Deutsche

„In Anbetracht der Tatsache, dass sich am 6. Oktober 1983 der Beginn deutscher Siedlungstätigkeit in Amerika zum 300. Male jährt, angesichts dessen, dass mit diesem Datum die unschätzbaren menschlichen, wirtschaftlichen, politischen und kulturellen Beiträge für dieses Land seitens Millionen deutscher Einwanderer im Laufe der letzten drei Jahrhunderte begannen, hält es der Kongress für angebracht, dieses Ereignis in einer Form zu begehen, die die deutsch-amerikanische Freundschaft würdigt."

THE REAL GERMAN-AMERICAN.

So lautete eine Erklärung des US-Kongress in Washington 1983 anlässlich des Jahrestages erster deutscher Siedlungen in Pennsylvania. Als Beginn deutscher Besiedelung Amerikas gilt die Gründung von „Germantown" durch Mennoniten aus Krefeld und Frankfurt/Main. Führer der Siedler war Franz Daniel Pastorius aus westfälisch-fränkischer Gelehrtenfamilie. Er war es auch, der 1688 den ersten Protest gegen die Sklaverei veröffentlichte. Bis heute gilt „Pennsilfanisch" als deutsche Mundart mit pfälzischem Einschlag, wo sich die Siedler ihre kulturelle Eigenheit und Sprache bewahrt haben.

Andrew D. White (1832 – 1918) war von 1892 bis 1907 US-Botschafter in Berlin. Als Schriftsteller machte er mit seinem Buch „Geschichte der Fehde zwischen Wissenschaft und Theologie in der Christenheit" von sich reden. In seinen Lebenserinnerungen scheint er mit Nietzsches Auffassung vom Volk der Deutschen ohne Heute übereinzustimmen. Er sagt:

„Die Deutschen sind kein gehendes, sondern ein kommendes Volk."

Im Juni 1900 hielt White eine Ansprache vor einer Abordnung des Deutsch-Amerikanischen Kriegerbundes:

„Ich halte dafür, dass Sie, wenn Sie weise sind, alles, was Sie können, tun werden, um Ihren Kindern die deutsche Sprache zu erhalten. Dieses Verhalten erscheint mir patriotisch, weil es dahin führt, die beiden Länder besser miteinander bekannt zu machen."

Germantown um 1900

Amerikas Dank

Die Entwicklung der Vereinigten Staaten von Amerika wurde tatsächlich maßgeblich von Deutschen beeinflusst, die zugleich die größte ethnische Einwanderungsgruppe stellten. Heute leben in den USA rund 43 Millionen deutschstämmige Menschen, von denen etwa noch zehn Prozent die deutsche Sprache sprechen. Übrigens waren sowohl die erste in Amerika gedruckte Bibel (1702 von Christoph Sauer in Germantown) als auch die amerikanische Unabhängigkeitserklärung auf Deutsch geschrieben.

„Der Deutsche in Amerika ist zugleich Bahnbrecher und Ansiedler gewesen ... Auf vielen Lebensgebieten haben die Deutschen Amerika nicht nur wegweisend, sondern auch aufbauend gewirkt. Ohne die Deutschen wäre das amerikanische Leben undenkbar. Die Bildung hat sich von der englischen Überlieferung immer mehr entfernt und den deutschen Idealen zugewandt. Die Universitäten sind sämtlich nach deutschem Muster eingerichtet; der deutsche Forschungsgeist belebt Dozenten und Studierende und schafft allmählich eine amerikanische Wissenschaft in deutschem Sinne.

Deutsche Männer wie Franz Lieber oder Karl Schurz ragen wie Heldengestalten in der Geschichte des politischen Lebens der Vereinigten Staaten hervor. Ihr Beispiel wird kommende Geschlechter belehren und zu ihrem höheren politischen Ideal führen.

Das freudlose Lebensideal der alten Puritaner weicht allmählich der gemütlichen Lebensweise der Deutschen im alten Vaterlande."

So lautete das Urteil von Professor Marion Dexter Learned (1857 – 1918), der an der Universität von Pennsylvania deutsche Sprache und Literatur lehrte, 1908 in einem Beitrag für die Zeitschrift „Der deutsche Vorkämpfer", der nach 1910 „Rundschau zweier Welten", dann „The Fatherland" und zuletzt „American Monthly" hieß.

Franz Lieber, der seinen Vornamen zu Francis amerikanisierte, emigrierte als Anhänger des Turnvaters Jahn 1826/27 über England in die USA. Hier begründete er mit der „Encyclopedia Americana" das erste bedeutende amerikanische Nachschlagewerk. Im amerikanischen Bürgerkrieg beriet er das Kriegsministerium der Nordstaaten und erarbeitete mit dem „Lieber Code" das erste fixierte Schriftstück mit Vorgaben zur Kriegführung auf dem Weg zum Kriegsvölkerrecht. Er starb 1872 in New York.

Karl (oder auch Carl) Schurz war einer der bekanntesten deutschen Immigranten in den USA. Er war nach den Märzunruhen ein gesuchter Revolutionär in Deutschland, dem spätestens nach der Befreiung des demokratisch gesinnten Professors Gottfried Kinkel aus dem Spandauer Gefängnis im August 1850 schwere Verfolgungen im Vaterland drohten. 1852 siedelte er in die USA über. Hier wurde er als erster gebürtiger Deutscher Mitglied des Senats und sogar Innenminister. Als solcher gelang es ihm, die Indianerfrage aus dem militärischen Ressort in die zivile Verwaltung zu verlagern. Er hatte 1860 die Republikanische Partei mitbegründet und blieb zeitlebens ein vehementer Gegner des Imperialismus, wie er sich unter Roosevelt manifestierte. Zu diesem Zweck rief er die „American Anti-Imperialist League" ins Leben. Er starb 1906 ebenfalls in New York.

Im Kampf gegen die Sklaverei

Fünf Jahre, nachdem die ersten deutschen Siedler in Nordamerika ihre neue Heimat gefunden hatten, rief der Gründer ihrer frühesten Niederlassung, Germantown, zum Protest gegen die Sklaverei auf. Franz Daniel Pastorius lancierte 1688 die entsprechende Petition an die Quäker, unter deren Verwaltung die Kolonie Pennsylvania stand. Was hätte dieses Ansuchen, die „Germantown Quäker Petition gegen Sklaverei", für Menschheitsverbrechen verhindert, hätte es sich durchgesetzt! Doch dass die Petition nur als erste deutlich wahrnehmbare Stimme, die sich gegen die Sklaverei erhob, in die Geschichte einging, hat die Versammlung der zuständigen Quäker zu verantworten. Die schob die Forderung von der Monats- auf die Vierteljahrs- auf die Jahressitzung, bis sie schließlich ad acta gelegt wurde. Erst nach 150 Jahren fand der Antiquar Nathan Kite das Schriftstück als erstes Zeugnis des humanen Einsatzes gegen den Sklavenhandel in den späteren USA überhaupt.

Hier ein Auszug aus dem ersten öffentlichen Protest gegen Sklaverei, der zugleich die erste öffentliche Erklärung der universalen Menschenrechte bedeutete:

„Es gibt ein Sprichwort, das besagt, wir sollten alle Menschen behandeln wie wir selbst behandelt werden wollen, ohne Unterschiede zu machen, welchen Geschlechts, welcher Abstammung oder Hautfarbe sie sind ... Menschen hierher zu bringen oder sie zu rauben und gegen ihren Willen zu verkaufen, dem widersetzen wir uns. In Europa werden viele Menschen wegen ihrer religiösen Überzeugung unterdrückt, und hier werden die unterdrückt, die schwarz sind ... Was könnte uns auf der Welt Schlimmeres geschehen, als dass Menschen uns stehlen und als Sklaven an fremde Länder verkaufen, dabei die Männer von ihren Frauen und Kindern trennen?"

Nachdem der allergrößte Teil der deutschen Siedlung sich auf den Norden beschränkte, wo der Sklavenhandel in den folgenden Jahrhunderten nicht solche Ausmaße wie im Süden erlangte, waren Deutschamerikaner erst im übernächsten Jahrhundert nach dem „Germantown Protest" mit der Sklaverei konfrontiert.

1833 veröffentlichte die Zeitschrift „Der Deutsche Pionier" einen Bericht von deutschen Einwanderern, die in St. Louis den Schrecken der Sklaverei begegnet waren:

„Man sah ganze Trupps aneinander gekettet durch die Straßen ziehen. Selbst junge Mädchen, welche Wasser aus dem Fluss schöpften, waren an den Füßen zusammengekettet, andere wurden vor unseren Augen mit Reitpeitschen blutig geschlagen. Am Gerichtshaus wurden Männer, Frauen und Kinder versteigert. Am Negerprügellokal, einer Privatanstalt, die aber jedem Sklavenbesitzer zum Gebrauch offenstand, konnte man nicht vorbeigehen, ohne den Schmerzensschrei gezüchtigter Sklaven zu hören."

Nicht wenige der deutschen Auswanderer hatten in Amerika die echte Freiheit gesucht. Und jetzt sahen sie diese himmelschreiende Ungerechtigkeit.

Einer der Pioniere der Anti-Sklaverei-Bewegung war Carl Schurz, der Revolutionär und Geächtete von 1848. Sein Ideal vom „wahren Amerikanismus" formulierte er wie folgt:

„Das Leitmotiv meines ganzen öffentlichen Lebens in Amerika war die eigenartige Bedeutung der Stellung der Vereinigten Staaten im Fortschritt der Menschheit auf dem Wege zur demokratischen Regierung und die daraus sich ergebende Verantwortlichkeit des amerikanischen Volkes gegenüber der zivilisierten Welt."

Dieser Anspruch ließ ihn zum Fürsprecher verfolgter und unterdrückter Völker werden. Bis an sein Lebensende befasste er sich mit den Rechten der Negersklaven, stritt für ihr Wahlrecht und ihre Bildung. Er hatte schon in seiner Funktion als Innenminister die Erziehung der Indianer in Regierungsschulen auf eine neue Grundlage gestellt. Daneben trat er für die Freiheit San Domingos und der Philippinen ein.

Noch vor Schurz engagierte sich ein anderer deutscher Auswanderer herzhaft im Kampf gegen die Sklaverei: Karl Follen (1796 – 1840), der als radikaler Vormärz-Revolutionär bereits 1824 nach Amerika emigriert war.

Hier verfolgte er unter anderem das Vorhaben, deutsche Auswanderer „in Nordamerika zu einem, auf dem Kongress sich vertretenden Staate [...] zu verbinden, welcher ein Vorbild für das Mutterland und in vielfältiger Beziehung für seine Befreiung werden kann". Follen, promovierter Jurist, wurde Professor für deutsche Sprache und Literatur an der Universität Harvard, führte nach dem Vorbild Jahns das Turnen als Fach ein und scheute sich nicht, in seinen Vorlesungen das Unrecht an den Sklaven anzuprangern.

Er trat in Kontakt zu William Lloyd Garrison, dem Gründer der „New-England Anti-Slavery Society". Doch im Gegensatz zu diesem wies Follen Gewalt zur Durchsetzung der Ziele von sich. Er selbst rief 1834 die „Cambridge Anti-Slavery Society" ins Leben, um auf rechtlichem Weg zum Erfolg zu gelangen.

„Unsere Rechte und Pflichten in Bezug auf die Unterdrückten erfordern und erlauben alle legalen und moralischen Mittel, um das große Ziel der Befreiung zu erreichen",

sagte er 1836 vor der „Massachusetts Anti-Slavery Society". Die Prinzipien der amerikanischen Unabhängigkeitserklärung müssen auch für Sklaven gelten, lautete Follens Überzeugung. In dieser Unabhängigkeitserklärung heißt es nämlich:

„Wir halten diese Wahrheiten für ausgemacht, dass alle Menschen gleich erschaffen worden, dass sie von ihrem Schöpfer mit gewissen unveräußerlichen Rechten begabt worden, worunter sind Leben, Freiheit und das Bestreben nach Glückseligkeit."

Als er von verschiedenen Seiten als Unruhestifter angegriffen wurde, der als Ausländer gar nicht das Recht hätte, sich in inneramerikanische Angelegenheiten einzumischen, setzte sich Garrison für Follen ein. In seiner Zeitung „Liberator" verkündete er: „Wir wünschten, wir hätten mehr solcher Ausländer unter uns."

Den Bürgerkrieg, vor dem er immer gewarnt hatte, erlebte Follen nicht mehr. 1840 starb er bei einem Schiffsunglück vor Long Island.

Vor dem Krieg

Theodore Roosevelt (1858 – 1919), US-Präsident und Nobelpreisträger, schrieb in seinen Memoiren („Aus meinem Leben", 1914):

„Seit jener Zeit und heute noch wäre es mir unmöglich, die Deutschen wirklich als Ausländer zu empfinden. Das Wohlwollen, die Gemütlichkeit, die Fähigkeit zu schwerer Arbeit, das Pflichtgefühl, die Freude am Studium der Literatur und Wissenschaft ... alle diese Äußerungen des deutschen Charakters ... machten einen Eindruck auf mich, der nach vierzig Jahren noch lebendig ist."

Anlässlich der Feierlichkeiten zum 100. Todestag Schillers hielt Roosevelt an der Clark-Universität in Worcester am 21. Juni 1905 eine Rede. Hierin sagte er:

„Das wunderbare Emporblühen Deutschlands in der Welt der Industrie und des Handels und ebenso der Kunst und Wissenschaft ist die Folge der Tatsache, dass der Deutsche daran gewöhnt ist, hohe Ideale zu haben und diese Ideale doch in praktischer Weise zu behandeln. Unser Land hat von Deutschland viel gelernt. Deutschland hat unserem Schul- und Universitätssystem in ausgeprägtestem Maße die Richtung gegeben.

Wenn wir von Deutschland, dieser großen verwandten Nation, nehmen könnten, was wir wollen, so wünschte ich, wir könnten ihm besonders den Idealismus entnehmen, der es den Deutschen natürlich erscheinen lässt, ein Ereignis, wie Schillers Leben und Werke, zu feiern, und auch den scharfen, praktischen, gesunden Menschenverstand, der sie befähigte, ihren idealistischen Sinn in ein Werkzeug zu verwandeln und damit die vollkommenste militärische und industrielle Organisation zu schaffen, die diese Welt je gesehen hat."

Einige Jahre später war es Roosevelt, der als einer der ersten Amerikaner die US-Beteiligung am Ersten Weltkrieg gegen Deutschland durchpeitschen wollte.

Ralph Waldo Emerson (1803 – 1882), Amerikas wohl bedeutendster Schriftsteller, schätzte neben den Deutschen die Engländer sehr hoch; „Bei Betrachtung ihrer Licht- und Schattenseiten" allerdings blieben „einige Punkte geistiger Natur übrig, die eigentlichen, worauf es ankommt, und in diesen Punkten, die allein den Vorrang eines Volkes vor den anderen bestimmen", schließt er, müsse er Deutschland den Vorzug geben. Die Deutschen sind für ihn „das erste Volk der Erde". „Die Deutschen denken für Europa".

„Die Engländer sehen nur das Einzelne, sie wissen die Menschen nicht nach höheren Gesetzen als ein Ganzes aufzufassen. Die Deutschen aber vermögen das, sie stehen über den Erscheinungen. Die Engländer ermessen die Tiefe des deutschen Geistes nicht. Deutsche Wissenschaft umfasst die englische."

John L. Motley (1814 – 1877), Historiker, war 1872 Gesandter in Wien und machte sich dort ein Bild von den deutschen Zuständen. In einem Brief vom 17. August beschrieb er sein Zukunftsszenario:

„Von Geschlecht zu Geschlecht ist ein großes, mächtiges, einiges Deutschland der Traum jedes für das Vaterland begeisterten Jünglings gewesen. Der solide, gesunde teutonische Einfluss sollte an die Stelle des latinisierten keltischen treten und Mitteleuropa geleitet werden durch eine geeinigte Nation tiefer Denker und rechtschaffener, schlichter Kämpfer für Freiheit und Vaterland ... Vernunft, Wissenschaft, nationale Begeisterung sehe ich darin verkörpert; unzweifelhaft müssen sie zur Freiheit und höheren Zivilisation führen. Und doch gibt es Leute, die imstande sind, darin nur einen Triumph des Militärdespotismus zu sehen!"

Während und nach dem Ersten Weltkrieg wandelte sich das Bild der Deutschen in den USA, auch durch massive Propagandaeinwirkung.

1915 wurde in New York ein Buch mit dem Titel „The Soul of Germany" gedruckt, das Dr. Thomas A. F. Smith, Dozent für Altenglisch an der Universität Erlangen, verfasst hatte. Darin schreibt er, dass jetzt, 1914, Deutschland sich selbst demaskiert habe. Trotzdem benennt er wichtige Komponenten des deutschen Charakters, die zu seinem Verständnis – und seiner Entlarvung – beitragen müssen. Solche sind das Ergötzen an einer Weltanschauung, Ehrgefühl anstelle eines Gewissens und vorgetäuschte Liebenswürdigkeit.

„Diesen äußeren Schein haben normale Touristen für bare Münze genommen, aber der Autor hat in den langen Jahren seines Aufenthalts nie eine andere Meinung über das deutsche gesellschaftliche Leben gehört, als dass es dumpf, unbefriedigend und einsam sei."

Eine Annäherung zwischen England und Deutschland könne nie zustande kommen.

„Der nüchterne, unaufdringliche Engländer sucht Befriedigung durch Ehrlichkeit und guten Glauben, während der Teutone ein bloßer Sklave von Äußerem ist und seinen Glauben nur so lange behält, wie er ihm passt."

An dem Handspiegel, den „jeder Deutscher – ob Mann oder Frau" in seiner Tasche trage, könne man den Charakter ebenfalls festmachen. Das sei bezeichnend für die deutsche Liebe zum Befehl und die Ehrfurcht vor einer äußeren Meinung. Bedauerlich dabei sei, dass die Deutschen nicht den gleichen Wert auf die „innere Schönheit" legen.

Alles in Allem sind Smiths Schmähungen noch harmlos im Vergleich zu der Propaganda, die anderswo gegen Deutschland betrieben wurde.

Verteidigung des deutschen Charakters

Zeitgleich mit „The Soul of Germany" erschien das Buch „The German Character", das sich auch mit dem Einfluss des deutschen Wesens auf den amerikanischen Nationalcharakter beschäftigte. Geschrieben hatte das Buch August Wilhelm Reinhard, ein deutschstämmiger Amerikaner. „Ich wusste gar nicht, dass die Deutschen überhaupt einen Charakter haben", beschreibt er zu Beginn die Reaktion einer Dame, der er von seinem Buchprojekt erzählt hatte. Gegen solche Vorurteile richtet er sein Buch.

„Neben dem englischsprachigen Element waren stets die Deutschen der stärkste Bestandteil dieser Nation. Deutsche und ihre Nachfahren, die immer noch Deutsch sprechen oder verstehen, zählen über 30 Millionen Menschen. Demnach trugen und tragen sie einen großen Anteil am Herausbilden unseres Landes und unseres Charakters."

Nun folgt die Aufzählung eines Charakterkanons, dem die deutschen Eigenschaften entspringen.

„Das stärkste Merkmal des deutschen Charakters ist die Innerlichkeit ... Diese Innerlichkeit ist die Essenz seines Daseins, die Triebfeder seiner Handlungen, der Maßstab, nach dem alles andere beurteilt werden muss."

Im Englischen, stellt Reinhard fest, wird das Wort „inwardness" nicht mit derselben Intensität gebraucht. Das zeige den Unterschied zwischen zwei Charakteren.

„Das zweite wesentliche Merkmal des deutschen Charakters ist Gründlichkeit. Durch seine Innerlichkeit ist der Deutsche ein tiefgründiger Denker, ein gründlicher Schüler, ein Mann der Forschung, auf deren Grundlage seine Lehranstalten weltbekannt wurden. Das erklärt auch, warum die meisten deutschen Philosophen Idealisten sind. Die Welt des Geistes bedeutet ihm eine ganze Welt. Er liebt es, bei einer Grundidee zu verweilen, er liebt das abstrakte Denken."

Dem gegenüber stehe der amerikanische Pragmatismus.

„Wir sind ein einfallsreiches Volk. Unsere Raffinesse ist weltbekannt. Wir sind eine Nation der Experten. Aber wir neigen dazu, oberflächlich zu bleiben."

Doris Day, als Schauspielerin Meisterin des Komödienfachs, heißt eigentlich Doris Kappelhoff. Beide Elternteile sind deutscher Abstammung.

Und noch einen Unterschied zwischen Deutschen und Amerikanern macht er aus:

„Beim Deutschen bleibt der Entschluss zu handeln so lange aus, bis der Verstand ihn belehrt oder die Gefühle ihn angetrieben haben, und da beides zunächst sorgfältig zu Rate gezogen werden muss, ist er nicht so schnell im Handeln wie der Franzose, der Engländer oder der Amerikaner.“

Die Begründung folgt:

„Der Deutsche will den Grund kennen und überlegt sorgfältig, ehe er vorwärts drängt: aber wenn er einen Entschluss gefasst hat, ist keine Schwierigkeit zu groß, als dass er sie nicht überwinde."

Ein starker Volkscharakter bringe starke Individuen hervor, schlussfolgert Reinhard. Auch derer sei das deutsche Volk reich. Er nennt Luther und deutsche Komponisten, allen voran Beethoven. Doch anhand der Sprache findet er auch darin Unterschiede zu den Angelsachsen:

„Aber so groß sein Selbstbewusstsein als Individuum sein mag, ist es nicht so groß wie das der angelsächsischen Brüder, der Engländer und Amerikaner, die „Ich" mit einem Großbuchstaben schreiben [I] und „du" mit kleinen [you], selbst in der direkten Anrede. Die Deutschen handhaben es andersherum."

Großen Wert misst er natürlich der deutschen Gemütlichkeit bei, für die es im Englischen kein Äquivalent gibt. Also umschreibt er dieses Gefühl als „wärmend", „tief", „sympathisch", als „friedlichen Zustand der Seele".

Zuletzt gesteht Reinhard den Deutschen eine Charaktereigenschaft zu, die ansonsten in den fremden Beschreibungen nur allzu oft fehlt: Der Humor. Auch darin unterscheiden sich die Völker grundlegend. Der deutsche Humor kenne nicht mit derselben Häufigkeit wie der amerikanische Wortwitze. Er sei nicht so lebhaft wie der französische und nicht so schnell im Schlüsseziehen wie der amerikanische. In der Natur des deutschen Humors liegen Naivität, Farblosigkeit, Groteske und Trockenheit. Dabei seien die größten deutschen Humoristen voll von Pathos: Wilhelm Busch, Wilhelm Raabe oder Heinrich Seidel.

Das deutsche Weihnachten

Während er über das „fromme Gemüt" der Deutschen spricht, erklärt Reinhard auch die Bedeutung des Weihnachtsfestes für die Deutschen.

Doch treffender als die Australierin Ida Alena Ross Wylie (1885 – 1959) in „Mein deutsches Jahr" (1911) hat kaum ein Ausländer die Eigenschaften des deutschen Weihnachtsfestes zusammengefasst:

„Gerade die kindliche, treuherzige Schlichtheit gibt nach meiner Ansicht dem Weihnachtsfeste das deutsche Gepräge; oder sie erklärt uns doch, weshalb das Wesen des Festes in keinem anderen Lande der Welt so rein zum Ausdruck kommt. Der Deutsche selbst ist einfach, warmherzig und anspruchslos. Im Grunde seines Wesens ruht etwas, das im besten Sinne des Wortes kindlich ist. Er ist der letzte ‚Naturmensch' in der zivilisierten Welt, und der Naturmensch ist immer naiv, stets aufrichtig im Guten und im Bösen. In seinem Charakter gibt es weniger Probleme, weniger dunkle, geheimnisvolle Punkte, weniger arglistige Wendungen und Drehungen. Sein Gemüt ist leicht erregbar, schnell bereit, alles Aufrichtige, Treue und Menschliche zu erwidern.

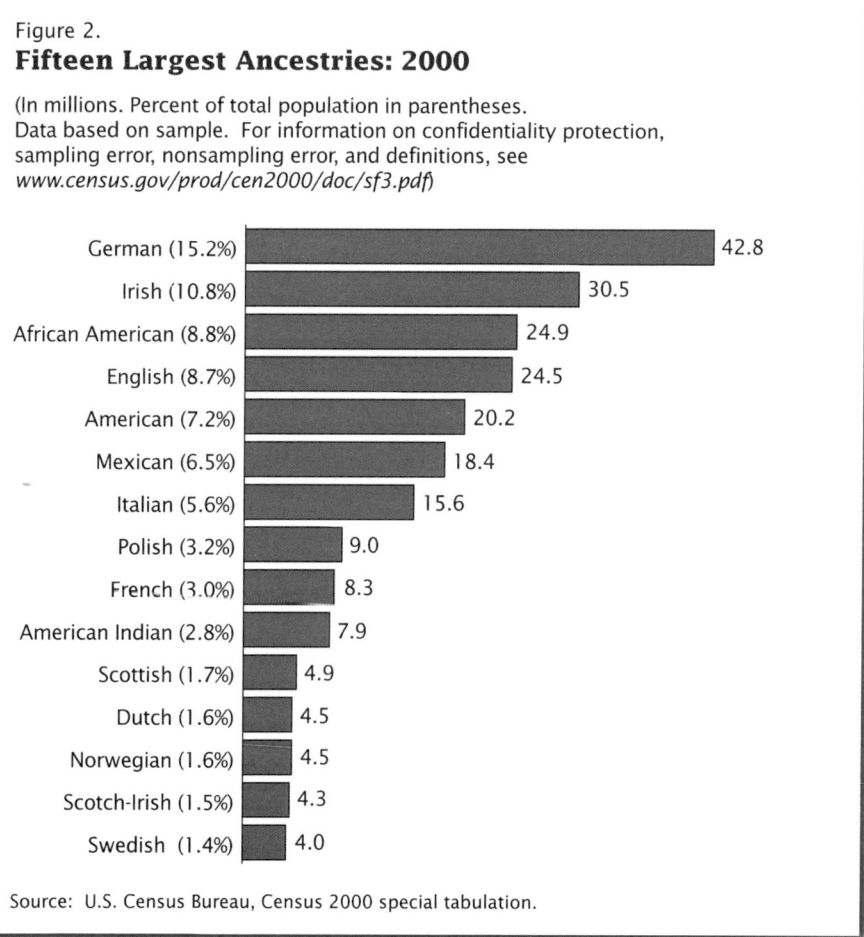

Figure 2.
Fifteen Largest Ancestries: 2000

(In millions. Percent of total population in parentheses.
Data based on sample. For information on confidentiality protection,
sampling error, nonsampling error, and definitions, see
www.census.gov/prod/cen2000/doc/sf3.pdf)

Ancestry	Millions
German (15.2%)	42.8
Irish (10.8%)	30.5
African American (8.8%)	24.9
English (8.7%)	24.5
American (7.2%)	20.2
Mexican (6.5%)	18.4
Italian (5.6%)	15.6
Polish (3.2%)	9.0
French (3.0%)	8.3
American Indian (2.8%)	7.9
Scottish (1.7%)	4.9
Dutch (1.6%)	4.5
Norwegian (1.6%)	4.5
Scotch-Irish (1.5%)	4.3
Swedish (1.4%)	4.0

Source: U.S. Census Bureau, Census 2000 special tabulation.

Die eingewanderten Vorfahren der US-Amerikaner.

Im Verkehr mit solch einem Menschen kann das Christkind sich selbst treu bleiben ohne Täuschung und ohne Kunstgriffe: es kann die bescheidenste Seite seines Wesens, die zugleich seine edelste ist, offen zur Schau tragen, in dem sicheren Gefühl, dass es verstanden, dass es erst recht verehrt wird, weil es in seiner ärmlichen Krippe geboren ist, und weil seine schwachen Hände als die reichste Gabe die alles umfassende Liebe darbieten."

Das Deutschenbild in der Welt nach 1945

Im 20. Jahrhundert hat sich das Bild der Völker, Deutschlands Ruf und das Echo der Welt gewandelt. Zwei Kriege waren der Grund, die daraus erwachsenden Ressentiments und propagandistischen Verleumdungen, hasserfüllte Vorurteile. Besonders die Deutschen waren davon betroffen, den Höhepunkt bildete das Aufkommen von Kollektivschuldthesen, mit denen man ein ganzes Volk für die Verbrechen eines Regimes in Haftung nehmen will. Zu welchen Zwecken und mit welchen Folgen, soll hier nicht erörtert werden.

Die Hitler-Herrschaft, der vollständige Untergang im Mai 1945, dann aber der unglaubliche Wiederaufbau – das waren die Komponenten, die nach dem Krieg deutsche Stereotypen, die negativen, bestätigten oder neue kreierten, wieder negative. Allem haftete der Ruch des Unheimlichen an, das Klischee der Unberechenbarkeit steigerte die Furcht. In den 60er Jahren hielt der „Readers' Guide", ein Index der in US-Zeitungen veröffentlichten Artikel, für Deutschland 5.292 Berichte fest (Mai 1945 bis November 1963), während Frankreich trotz Indochina- und Algerienkrieg nur auf 3.851 Artikel kam. Die Deutschen wurden ergründet, ihr Wesen seziert. Bei der Beschreibung ihres Charakters bediente man sich Begriffen aus der Psychiatrie oder Kriminologie oder beiden Bereichen: „Wahnsinnige Mörder".

Das antideutsche Bild der Amerikaner wandelte sich 1953, durch die Bilder von den Berlinern, die mit Steinen gegen sowjetische Panzer vorgingen, etwas ins Positive. Man rechnete dieses deutsche Aufbegehren der Demokratie – und damit sich selbst – zu. Der anbrechende Kalte Krieg ließ die Amerikaner ihr Urteil über Deutschland überdenken.

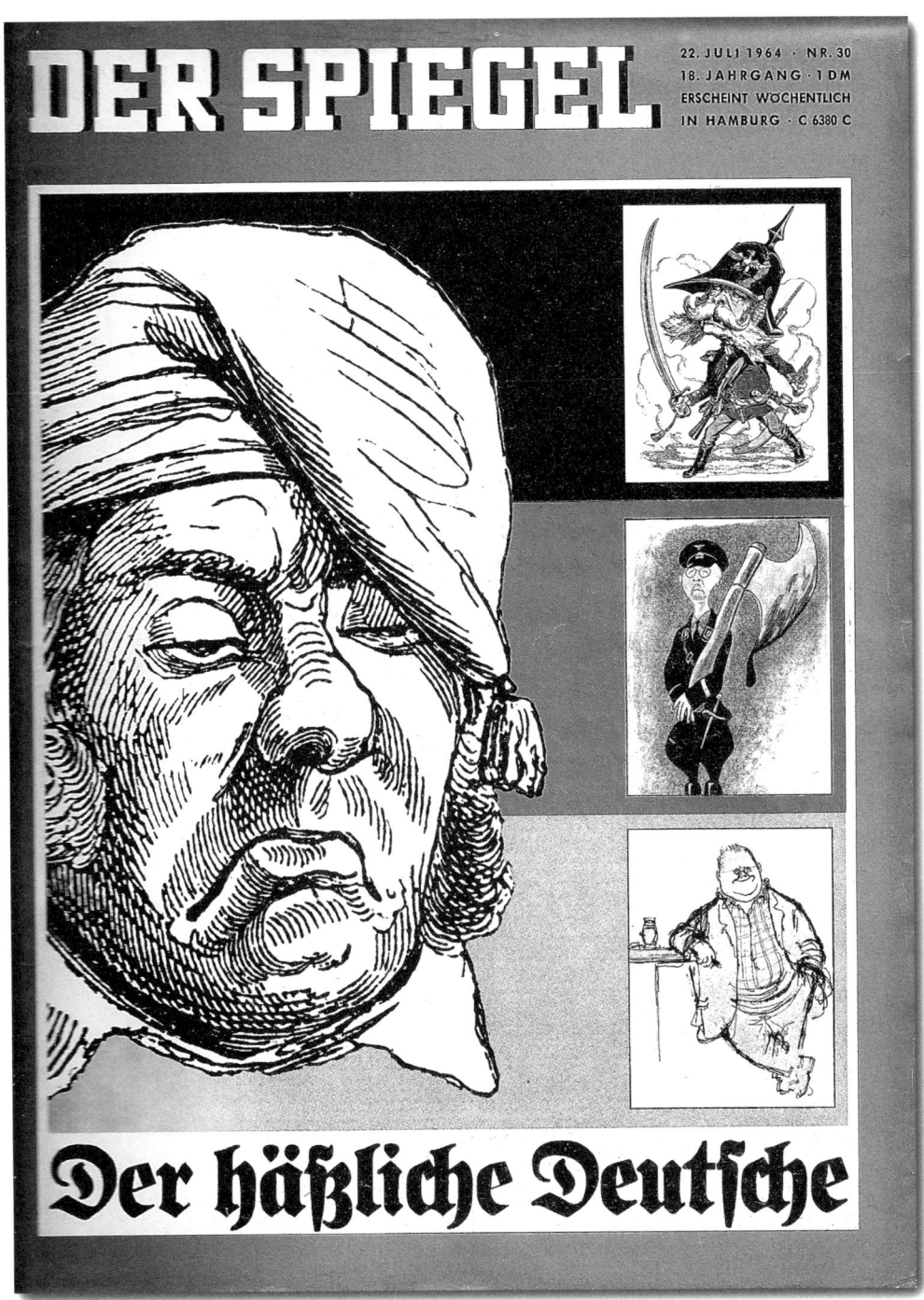

Der Spiegel-Titel von 1964 zeigt den deutschen Michel mit Schlafmütze, daneben Karikaturen von Bismarck, Himmler und dem Stammtischdeutschen.

Dennoch: Klaus Epstein, amerikanischer Geschichtsprofessor, teilte 1962 die Amerikaner mit antideutschen Neigungen in vier Gruppen, nämlich „der jüdische Bevölkerungsteil, Amerikaner osteuropäischer Abstammung, Akademikerkreise – besonders an führenden Universitäten im Nordosten Amerikas – und gewisse Kreise innerhalb der Regierung", was sich damals auf Mitarbeiter Präsident Kennedys bezog.

Auch in Frankreich begann die Annäherungsphase mit dem Ost-West-Konflikt, der Weg einer Aussöhnung und Völkerverständigung angefangen bei Adenauer und De Gaulle ist Geschichte. In England, hielt 1962 das linke Sonntagsblatt „Reynolds News" fest, könne man nichts so sehr mit Stimmungen aufladen wie „Hundeliebe und Deutschenhass".

Allen antideutschen Tendenzen zum Trotz darf man diese Stimmen nicht für repräsentativ halten. Es gibt genug Gegenstimmen, die Deutschland und den Deutschen stets aufrecht begegnet sind und gerecht urteilten und Unverständnis äußerten, wenn sie sahen, wie die Weltöffentlichkeit mit diesem Volk, das die Geschichte so sehr geprägt hat, umging oder wie die Deutschen mit sich selbst umgingen und umgehen.

Seid stolz!

Die Dosis macht das Gift, denn kein Ding ist ohne Gift, wusste Paracelsus, der einzigartige „Luther der Medizin". Das gilt für das Nationale, wo es zu sehr überhöht wird, aber auch für das Gegenteil, das Anti-Nationale. Und dessen Dosis war in den Jahren nach 1945, insbesondere aber seit 1968, eindeutig unverträglich. Wir wurden geimpft mit Wirkstoffen gegen all die schrecklichen Verbrechen und Gräueltaten, die sich im Dritten Reich ereigneten, aber es bildeten sich, als es zu viel wurde, Antikörper gegen das Eigene. Daran leidend sollten die Deutschen mit den Völkern der Welt nicht mehr auf Augenhöhe korrespondieren können, sondern nur vom Krankenbett aus.

Dabei waren es gerade immer Stimmen aus dem Ausland, die diesem Krankenstand mit dringlichen Appellen ein Ende machen wollten. Eine Auswahl folgt.

„Deutschland stellt einen Fall von geradezu unbegreiflicher Selbstbezichtigungssucht ohnegleichen in der Geschichte der Menschheit dar. Ich kenne kein anderes Beispiel, dass ein Volk diese nahezu wahnwitzige Sucht zeigt, die dunklen Schatten der Schuld auf sich zu nehmen."

Harry Elmer Barnes, Geschichtsprofessor an der US-Universität Columbia, „Die deutsche Kriegsschuldfrage" (1964)

„Durch die Gewalttaten von Auschwitz dürfen die Deutschen nicht für immer und ewig zur Minderwertigkeit degradiert, als Parias des Westens abgestempelt werden."

André Glucksmann, französischer Philosoph jüdischer Herkunft.

„Die Deutschen sind nicht schöner als wir, aber auch nicht hässlicher, sie sind nicht besser, aber auch nicht schlechter. Man soll sie nicht bevorrechtigen, aber man darf sie um Himmels Willen nicht benachteiligen. Sie müssen in ihrem eigenen Land noch frei atmen dürfen ... Ein großes Volk wie das deutsche wird leben."

Isaak Goldstein, Großrabbiner

„Selbst diejenigen, die in der Geschichte wenig bewandert sind, wissen, dass die Deutschen in den vergangenen drei Jahrhunderten einen großen Beitrag zur Entwicklung unserer Wirtschaft und Kultur geleistet haben."

Dimitri Lichatschow, Mitglied der Akademie der Wissenschaften in Moskau, in einem Aufruf zur Rehabilitierung der Russlanddeutschen

„Ich bin überzeugt, dass deutscher Geist, deutscher Fleiß und deutsche Organisation Ihr Land wieder zu Kraft und Größe aufbauen werden. Die Reaktion kommt so sicher wie jedes Naturgesetz. Man muss nur glauben und Geduld haben."

Sven Hedin im Jahre 1945 an den Schriftsteller Wolfram Mallebrein.

„Das schlechte Gewissen der Deutschen sollte allmählich weg, wo schon so viel Zeit vergangen ist."

Sir Peter Ustinov, Schauspieler und Regisseur, Juli 1991

„Das deutsche Volk kann ebenso stolz auf Deutschland sein, wie ich selbst stolz auf Israel bin."

Daliah Lavi, israelische Schauspielerin und Sängerin

„Dem hässlichen Deutschen bin ich bislang nicht begegnet. Mein leben als freischaffender Maler ist nachhaltig von der Menschlichkeit geprägt, die mir hier zuteil geworden ist und immer noch zuteil wird."

Davood Roostaei, iranischer Maler und Bildhauer, der als Asylant in Deutschland lebte.

„Jene von uns, die Zeugen der schrecklichen Zerstörungen waren, die über Deutschland während des Krieges niedergingen, sind ausnahmslos und immer wieder erstaunt über die gründliche und unglaubliche Wiedergeburt dieses lebenstüchtigen Landes. Die Lebenskraft Deutschlands und seiner Bevölkerung beeindruckt uns tief."

Charles T. Lanham, US-Generalmajor im Zweiten Weltkrieg (über den Hemingway sagte: „Er ist der ausgezeichnetste und tapferste Befehlshaber, den ich kenne."), in einem Interview 1954

„Ich beglückwünsche Sie, junge Deutsche zu sein, das heißt, Kinder eines großen Volkes. Jawohl! Eines großen Volkes, das manchmal im Laufe seiner Geschichte große Fehler begangen hat. Ein Volk, das aber auch der Welt fruchtbare geistige, wissenschaftliche, künstlerische und philosophische Werke beschert hat, das die Welt um zahlreiche Erzeugnisse seiner Erfindungskraft, seiner Technik und seiner Arbeit bereichert hat, ein Volk, das in einem friedlichen Werk wie auch in den Leiden des Krieges wahre Schätze an Mut, Disziplin und Organisation entfaltet hat. Das französische Volk weiß das voll zu würdigen."

Charles de Gaulle, General und französischer Staatspräsident, in der „Rede an die deutsche Jugend", 9. September 1962

„Wenn ich immer wieder von meinen deutschen Freunden höre: ‚Nein, es geht nicht, sehen Sie doch, was in der Vergangenheit passiert ist, die anderen wollen das nicht', so halte ich diesen Standpunkt für völlig falsch."

Edward Heath, britischer Premierminister 1970 – 1974, über die Notwendigkeit der deutschen nationalen Normalisierung

„Wenn eine ganze Nation positive Grundempfindungen gegenüber dem eigenen Land verdrängt, kann dies abträgliche Folgen haben wie bei einem Individuum. Eine solche Nation wird sich selbst und für die internationale Gesellschaft zum Problem. Die jungen Deutschen tragen Verantwortung angesichts ihrer Geschichte, und sie sind zugleich verpflichtet, dieser Geschichte jene Traditionen zu entnehmen, die es ihnen erlauben, unbefangen und mit Stolz zu sagen: Ich bin ein Deutscher."

Theodor Ellenoff, langjähriger Vorsitzender des American Jewish Committee, anlässlich eines Deutschlandbesuches im Herbst 1993

„Ein Zeichen setzte Yehudi Menuhin auch bei seinem Weltdebüt am Dirigentenpult, 6. April 1946. Er schwang den Stab über das Dallas Symphony Orchestra. Die Radiosender von ABC übertrugen das Ereignis. Mein Vater ließ das Vorspiel zu ‚Die Meistersinger von Nürnberg' intonieren. Das ist bekanntlich ein Werk Richard Wagners, jenes Komponisten also, der gewissen Hetzern als Fleischwerdung des bösen Ewigen Deutschen gilt. Vor allem ließ es sich mein Vater gleich nach Kriegsende angelegen sein, einen Schlussstrich unter generalisierend antideutsche Propaganda zu fordern. Kollektivhaftung, Kollektivverantwortung oder gar Kollektivschuld waren Kategorien, die ihn nur anwiderten."

Gerard Menuhin über seinen Vater, den „Jahrhundertgeiger" Yehudi Menuhin, 2007

Wir sind Papst! Das deutsche Selbstwertgefühl hat sich innerhalb weniger Jahre schwunghaft verbessert, ausländische Stimmen rieten schon seit Jahrzehnten dazu.

Ehre dem deutschen Soldaten

Ein besonderes Kapitel bildet der Umgang mit den deutschen Soldaten, vor allem mit den Wehrmachtangehörigen des Zweiten Weltkriegs.
Kaum etwas stößt im Ausland auf größeres Unverständnis als deutsche
Schmähungen vom Schlage einer Parole wie: „Mein Opa war ein Mörder". Das Ausland hat eine andere Meinung.

„Der Nazismus war eine üble Sache und Euer nicht würdig. Aber vor
dem deutschen Soldaten ziehe ich den Hut. Ich habe bei Anzio und in der
Normandie gegen Euch gekämpft und kann nur sagen: Eure Soldaten
waren erstklassig. Was Ihr Deutschen braucht, ist mehr Selbstachtung
und Patriotismus. Ihr habt das Recht dazu. Ihr seid ein großes Volk, das
der Welt unermessliche Kunstschätze geschenkt hat. Schätze der Wissen-
schaft und Kunst. Ihr habt in der Wehrmacht eine Armee gehabt, welche
die Welt bewundert."

Vernon A. Walters, US-Dreisternegeneral und maßgeblicher Militär
unter drei Präsidenten, 1989 bis 1991 US-Botschafter in der Bundesrepublik

„Die Leistungen des deutschen Soldaten – vaterlandsliebend, tapfer, ver-
wegen, tüchtig, selbstaufopfernd – nötigten mir Bewunderung ab."

Humberto Benedetti Miranda, Generalstabschef der peruanischen
Armee 1941

„Der deutsche Soldat hat von 1939 bis 1945 eine Leistung erbracht, die
der seines Vorgängers von 1914 bis 1918 wahrscheinlich noch überlegen
ist."

Prof. Philippe Masson (1928 – 2005), führender Militärhistoriker
Frankreichs

„Ich war 1945 der Auffassung, dass die Wehrmacht, insbesondere das
deutsche Offizierskorps, identisch mit Hitler und den Exponenten der Ge-
waltherrschaft sei und deshalb auch voll mitverantwortlich für die Aus-
wüchse dieses Regimes ... Inzwischen habe ich eingesehen, dass meine
damalige Beurteilung der Haltung des deutschen Offizierskorps und der

Wehrmacht nicht den Tatsachen entspricht, und ich stehe daher nicht an, mich wegen meiner damaligen Auffassung zu entschuldigen. Der deutsche Soldat hat für seine Heimat tapfer und anständig gekämpft."
Dwight D. Eisenhower, Oberbefehlshaber der Westalliierten im Zweiten Weltkrieg, ab 1953 US-Präsident, im Gespräch mit dem ehemaligen Wehrmachtgeneral Hans Speidel, 22. Januar 1951

„Der deutsche Soldat kannte seine Pflicht im Gefecht und im Felddienst und war ausdauernd, selbstsicher und diszipliniert. Der sowjetische Soldat hatte es also mit einem erfahrenen und starken Gegner zu tun, so dass es keineswegs leicht war, ihm den Sieg zu entreißen."
Marschall Georgij Schukow, russischer Feldherr des Zweiten Weltkriegs

„Getreue und ehrenhafte patriotische Soldaten wie Oberst Rudel sind ein Zeichen, dass das Zeitalter der Ritterlichkeit noch nicht überholt ist. Oberst Rudel blieb treu der Tradition eines Bayard-Ritters ohne Furcht und Tadel – ein Vorbild, zu dem unsere Soldaten und Matrosen aufschauen können."
Commander Homer Brett, Geheimdienstoffizier der USA im Zweiten Weltkrieg, Führer der US-Veteranenverbände

„Die deutsche Wehrmacht war die beste Kampftruppe des Krieges, eine der großartigsten, die die Welt je gesehen hat ... Wenn man ein Vorbild für heutige Soldaten sucht, dann wird man auf die deutsche Armee schauen müssen und auf die außerordentliche Abwehrleistung, die ihre Männer in Europa vollbracht haben."
Max Hastings, britischer Militärhistoriker in „Overlord: D-Day, 1944"

„Sie waren 2.000 Meilen von ihrer Heimat entfernt, ohne Hoffnung im fremden, unbekannten Land, in einer Lage, verzweifelt genug, auch die stärksten Nerven zu brechen. Dennoch hielten ihre Trupps fest zusammen, geordnet in Reih' und Glied. Sie steuerten durch das wirr wogende Meer von Türken und Arabern wie Panzerschiffe, schweigsam und erhobenen Hauptes. Wurden sie angegriffen, machten sie Halt, nahmen Gefechtsstellung ein, gaben wohlgezieltes Feuer. Da war keine Hast, keine Unsicherheit. Sie waren prachtvoll. Ich wurde stolz auf meine Feinde."

Thomas Edward Lawrence, „Lawrence von Arabien", über die deutschen Soldaten des Palästinakorps im Ersten Weltkrieg.

„Die Tapferkeit und die militärische Tüchtigkeit der deutschen Soldaten sind anerkannt."
François Mitterrand, französischer Staatspräsident, auf dem Schlachtfeld von Stalingrad 1984

„In Großbritannien fallen einem im Zusammenhang mit Deutschland nicht nur Fußball und schnelle Autos ein, sondern auch die vorzüglichen Offiziere, die es im Verlauf der Geschichte hervorgebracht hat."
Prince Charles, britischer Thronfolger, in einem Vortrag vor Bundeswehrsoldaten

Die Deutschen im Morgenland – Ansichten aus Asien

Asien, der Kontinent der ersten Hochkulturen, uraltes Land menschlichen Fragens, Mutterschoß der Weltreligionen, über Jahrtausende
geistiger Anreger des Okzidents – welche Spuren hat der Deutsche in
seinen Völkern hinterlassen? Welchen Ruf genießen wir im Orient in
der Zeit der Verschmelzung der Kulturen zur Zivilisation?

Hitler, Fußball, Autos

Nun, wenn man als Deutscher in Asien reist, wird man sich üblicher-
weise mit kaum mehr als einer Handvoll an Zuweisungen konfrontiert sehen. Am häufigsten, wie ein ewig währender Stempelabdruck,
haftet uns das Dritte Reich an. Man kommt bei längerem Aufenthalt
gar fast zu der Überzeugung, dass es doch an die tausend Jahre ge-
währt haben muss ... Darüber hinaus vernimmt man gebetsmühlen-
artig die begeisterte Fragerei nach dem deutschen Fußball sowie den
deutschen Automarken. Überall meint man zudem, der Deutsche sei
fleißig, arbeitsam, ordentlich und äußerst gründlich. Deutschland sei
technisch sehr fortschrittlich, übermäßig reich und es biete für jeden einen gutbezahlten Arbeitsplatz. – Der Deutsche ein Arbeitstier,
Deutschland ein Paradies! – So, oder so ähnlich geht wohl das Rau-
nen um den gesamten Erdball, wenn von den Deutschen die Rede
ist. Dass es nun von Land zu Land, von Volk zu Volk, von Mensch zu
Mensch immerhin doch feine Unterschiede zwischen deren Meinungen über uns gibt, zeigt ein kleiner Einblick in die Reiserfahrungen
eines Deutschen.

Sibirien

Sibirische Impressionen

Beginnen möchten wir in Russland oder genauer gesagt in Sibirien. Mit Sibirien verbinden die Deutschen ohne Zweifel einen qualvollen Abschnitt ihrer jüngsten Geschichte. Sibirien – das Wort allein erregt in unseren Vorstellungen sogleich einen Anflug von bitterer Kälte, Not, Gefangenschaft und unüberbrückbarer Entfernung. Auch wenn die wenigsten überhaupt zurückkamen, um zu erzählen, wenn kürzlich selten nur einer wirklich dort gewesen ist, so scheint uns der körperliche wie seelische Frost dieser Region in eigentümlicher Art eingeschrieben zu sein. Vielleicht war der erduldete Schmerz von einer derart heftigen Temperatur und prägenden Dauer, dass er sich im Geiste fortpflanzte. Der Tod erscheint eben geringer als die Verbannung.

Ein gewaltiger Zuzug begann mit dem Ruf der Zarin Katharina II. nach reichsdeutschen Siedlern. Schon sie schätzte die Deutschen wegen ihrer

Tüchtigkeit in Urbarmachung und Bewirtschaftung. Und das gilt in der Tat bis heute. Nicht nur der deutsche Ingenieur ist ein gern gesehener Gast im weiten Russland. Wer zum Helfen, zum Aufbauen kommt, der erfährt ohnehin ein allgemein offenes Entgegenkommen, auch oder gerade in Sibirien. Unter den Arbeitern wird man dann schnell sein Auskommen finden, nur sollte dabei ihre Eigenart nicht allzu kräftig auf die Probe gestellt werden. Anpassung heißt hier das Zauberwort.

Denn die indigenen Völker Sibiriens, die Burjaten, Tuwiner, Chakassen, ticken anders, anders als der gewöhnliche Deutsche. Ja, wenn er ihnen gegenüber sein gewohntes Arbeitstempo auf die Waage des Beurteilens legt, flammt in seinen gestrengen Augen sogleich der Begriff der Faulheit auf, wobei selbst der Russe ähnlich über die Bewohner der Taiga schimpft. Mitunter ist diese Schlussfolgerung allerdings zu voreilig gezogen. Vor allem aber rührt sie von einem kategorischen Wesen her. Dort, wo die Arbeit gemeinhin als oberste Tugend gilt, wo sie zum Eichmaß geworden ist und zum Sockel erkoren wurde, auf dem alles Errungene ruht, bleibt natürlich nur Unverständnis für Ansichten, in denen die Arbeit eine eher untergeordnete Rolle spielt.

In den Waldungen am Baikal-See fühlt man sich daher trotz warmer Aufnahme anfänglich sehr unbehaglich, weil die Arbeit dort nicht als das Wichtigste vom Tage angesehen wird. Hinzu kommt, dass das Trinken der Männer da eine durchaus tragende Säule ist, auf der ein erheblicher Teil des Alltags lastet. Mag diese Tradition auch hinlänglich bekannt sein und schieben wir sie nur zu oft achtlos in dieselbe Ecke wie die Faulheit, so beweist das nur, dass wir uns über den moralischen Stacheldrahtverhau des Denkens nicht hinauswagen wollen. Natürlich nimmt sich bei anderen Völkern dieses Eingefahrene der Anschauungen nicht aus. Man möchte meinen, zum Glück, denn ohne diesen Umstand würde das Typische am Fremden eigentlich verblassen, würde es sich hinter die Berge der Gleichmacherei verziehen. Folglich verhelfen uns also auch die Menschen in Sibirien zu einem kurzen Schwenk über den Spiegel unserer Volksseele.

Besonders deutlich fällt hierbei unsere fast pathologische Beflissenheit ins Auge, mit der wir unser Tagwerk angehen. Sätze wie „Ihr seid die Teufel der Arbeit!" kann man durchaus zu hören bekommen, wenn man nur allzu tüchtig nach alter Gewohnheit zupackt. Doch was den kleinen Manne grämt, ist dem Herrn gerade recht. Die russischen Fürstenhäuser erfreuten sich sicherlich am Fleiß ihrer neuen deutschen Untertanen, wohingegen der russische Arbeiter seinen strebsamen Nebenbuhler bis heute misstrauisch beäugt.

In der Mongolei

Nach einer Tagesreise mit der transsibirischen Eisenbahn gen Süden, rattert man in Ulan Bator ein, der Hauptstadt der Mongolei. Ja, was haben wir mit der Mongolei zu tun, außer dass es die Reiterhorden des großen Dschingis Khan einmal aus lauter Mordlust bis nach Schlesien trieb? Wissen die Mongolen überhaupt von den Deutschen? – Und ob: zum Beispiel erlebt zurzeit die Würdigung des Barons Ungern von Sternberg (1886 – 1921) eine überraschende Renaissance. Dieser verwegene

General aus deutsch-baltischem Geschlechte, dem die dankbaren Mongolen sogar den Rang eines Khans verliehen, brachte ihnen die Unabhängigkeit von der chinesischen Besatzung. Als Führer der asiatischen Division befreite er Urga, Hauptstadt und Sitz des Bogd Gegeen, des obersten Lamas der mongolischen Buddhisten. Eine wachsende Zahl an Leuten im Land der weiten Steppe kennen heute wieder die Geschichte von Ungern, wie er sich mit seiner weißen Kavallerie gegen die rote Revolution stellte. Viele, so kann man es den Gesprächen entnehmen, schätzen ihn, diesen draufgängerischen Deutschen. Aber auch er konnte das Anstürmen der Bolschewiki nicht aufhalten.

Als die Welt auf das Deutsche Reich und den japanischen Kaiser einschoss, war die Mongolei längst sowjetischer Vasall, der seine Rekruten nicht nur gegen Japan, sondern bis an die Front nach Riga, Königsberg oder Breslau schickte. Nach über einem halben Jahrtausend standen wieder mongolische Söldner in Schlesien!

Vom Sieg im Großen Vaterländischen Krieg kündet hoch über dem Abgaskessel Ulan Bators ein Ehrenmal aus weißem Beton. Es zeigt in grotesker Anlehnung an antike Schlacht-Reliefs, wie die roten Brüder den Feind meucheln und seine Standarten zertreten. Dass danach der sozialistische Freund DDR ein beliebter Ort zum Studieren war, konnte die Erinnerungen an das Deutsche Reich und seinen „Führer" nicht vergessen machen. Auf die einstigen Beziehungen mit der DDR wird man heute kaum mehr angesprochen. Mit dem „Führer" verhält es sich da anders. Denn in Wahrheit sind die Deutschen bei der Mehrzahl der Mongolen das geblieben, was die Geschichte ihnen selbst andichtete: ein Volk, das treu einem Führer folgt. So sehen manche in uns immer noch welche, die sich insgeheim den alten Diktator zurücksehnen. Es kann daher freilich passieren, dass man von Jugendlichen oder sogar gebrechlichen Nomadenreitern mit ausgestrecktem Arm begrüßt wird oder dass man kurzerhand den Spitznamen „CHitler" erhält.

Beim Versuch, die derzeitigen Verhältnisse der Bundesrepublik zu erörtern, erntet man klägliches Unverständnis. „Er war doch schließlich ein Deutscher." Naja, das war Karl Marx auch, aber den kennt zwischen der Mandschurei und dem Altai fast niemand trotz einer kommunistischen Vergangenheit. Er passt einfach nicht in die Vorstellungen über den Deutschen.

China

Es bleiben nur solche Menschen in der Erinnerung zurück, deren Taten die Seele der Völker berührten. Die Frage, ob sie Blut, Schweiß oder mit Geist geführt wurden, stellt sich einfach nicht. Aus diesem Grund betrachtet der Chinese die Deutschen aus einem gänzlich anderen Blickwinkel.

Die Historie verbindet die beiden Völker eigentlich mit nichts von Rang, abgesehen von weitreichenden Handelsbeziehungen. Diese waren vor knapp einem Jahrhundert der Auslöser für die Schaffung einer kleinen deutschen Kolonie am Gelben Meer. Kaiser Wilhelm II. pachtete die Hafenstadt Tsingtau, um seinen Untertanen einen festen Stützpunkt im Reich der Mitte zu sichern. Sie setzte in nur wenigen Jahren den Grundstein, um den deutschen Vorlieben einen Platz im Bewusstsein der Chinesen zu schaffen.

Allen zuvor trat die neu gegründete Brauerei ihren Siegeszug in Fernost an. Tsingtau-Bier ist seitdem der Inbegriff eines guten Bieres in China. Diesen Gerstensaft bringt man bis in unsere Zeit mit den Deutschen in Verbindung. Jährlich im August strömen zum ausladenden Fest die Massen von den Stränden Tsingtaus auf das Gelände der hochmodernen Brauerei. Es erwartet einen ein chinesisches Oktoberfest mit allen Klischees, die man Deutschland zuschreibt: Bierzelte und Maßkrüge, Trachtenhüte und Lebkuchenherzen, Blasmusik und bayerisches Ambiente. Wie so oft im Ausland hat man vom Deutschen auch im Land der aufgehenden Sonne nur das Bild von Dirndl und Lederhose vor Augen.

Die Brautpaare, die sich vor der neogotischen Kathedrale im deutschen Viertel von Tsingtau das Jawort geben, mögen etwas vom romantischen Herzen erahnen, das tief hinter der deutschen Formalität schluchzt. Jedoch dieses Formale, sein Ausufern im Pragmatismus, die Nüchternheit der Herangehensweise, die sich einstweilen bis zur Technikverliebtheit steigert, diese der Aufklärung abgerungenen Eigenschaften mögen die Chinesen an uns; vielleicht gerade deshalb, weil sie auch gerne so wären. Für sie ist der Deutsche ein Perfektionist, sein Gewerke besitzt einen festen Garant für Sicherheit und Qualität. Sie wundern sich über unser Zugeknöpftsein, unsere an den Tag gelegte Steifheit, wie sie es nennen.

Die Chinesen haben ebenso wenig Zugang zum Herzschlag unseres Volkes wie wir zum Verständnis ihrer Schriftzeichen. Sie, die emsigsten Arbeiter der Welt, erkennen nur den Wert unserer Arbeit. Der Tiroler Hut, die blauweißen Rauten sind nicht mehr als Staffage der Unterhaltungsindustrie. Audi, BMW, Benz, Siemens und Krupp gelten als die deutsche Wirklichkeit. Aber Bach und Beethoven bleiben Exoten, die der Kenntnis eines relativ kleinen Musikerkreises vorbehalten sind.

Zwischen Burma und Bali

Zwischen China und dem Äquator weiß man dafür erst recht wenig über die Nachfahren der Germanen. Auf den Inseln Indochinas herrscht lediglich das Einvernehmen darüber, dass der deutsche Tourist, wie die meisten „Farangs", die weißen Ausländer, zumeist lüstern, trinksüchtig und reich ist. Die unzähligen deutschen Hilfsorganisationen können an diesem Eindruck selten etwas begradigen.

Vom Bismarck-Archipel einmal abgesehen, haben wir keine Geschichte zwischen Burma und Bali. Hungrige Kolonialisten, wie England, Holland oder Frankreich, bestimmten dort seit jeher den Typus des Europäers. Der imperialistische Entdeckungsdrang, der nach dem Versinken des Heiligen Römischen Reiches Deutscher Nation einsetzte, der das Gesicht der bekannten wie unbekannten Welt verändern sollte, meißelte ein unverrückbares Abbild vom Abendländer in die Vorstellungen aller „Heiden-Völker". Davon zehren immer noch viele Vorurteile von Indien bis Hong-Kong.

Aber im Schwinden des letzten Jahrhunderts brach dann mit den Ahnen eines Thomas Cook eine neue Welle europäischer Mode in die Regionen der Südsee. Nicht mehr Missionare und Händler prägten nun den westlichen Duktus, sondern der Vergnügungsreisende setzte die Zeichen einer europäischen Unkultur. Die wenigen Deutschen, die bis dahin unter der schwülen Sonne Ceylons oder in Bangladesch ihr Leben besiegelten, waren längst vergessen. Jene Völkerschaften also, welche uns nicht als Kolonial-Aufseher kennen, die, unter englische Hoheit gezwängt, im Zweiten Weltkriege kaum Notiz von uns nahmen, machen keinen echten Unterschied zwischen deutschen, englischen, nordamerikanischen oder skandinavischen Urlaubern. Ihr Gebaren gleicht sich ohnehin wie es auch ihr einheitlicher Kleidungsstil, ihr einfältig fader Geschmack tut.

Die islamischen Länder

In Taschkent, Usbekistan

Kommt man jedoch weiter nach Norden, in das Gebiet des Islam, dann hat man als Deutscher wieder einen Namen: in Pakistan, Afghanistan, von Islamabad über den Hindukusch bis ins tadschikische Duschambe einen ziemlich schlechten – der deutschen Bundesregierung sei Dank. Wer mit Waffengewalt in anderen Ländern interveniert, der kann einfach nicht erwarten, dass man ihm dort wohlgesinnt ist. Das kann man bei den eigentlich sehr gastfreundlichen Paschtunen in Peschawar oder bei den tadschikischen Bauern an der afghanischen Grenze schnell herausfinden. Als Deutscher muss man sich dort für den Einsatz seiner Soldaten rechtfertigen und wird nur zu oft in denselben Topf mit den amerikanischen Besatzern geworfen. Es kann dauern, bis in den Köpfen kommender Generationen von Muslimen wieder ein besseres Bild vom Deutschen entsteht.

Deutsche Spuren in der Kirche in Taschkent

In Mittelasien, in den ehemaligen Sowjetrepubliken, sieht es da schon etwas anders, wenn auch nicht unbedingt besser aus: jeder Taxifahrer von Bischkek bis Samarkand, so könnte man meinen, war mit der russischen Armee in Magdeburg stationiert. „CHitler kapuutt" ist ein sehr beliebter Spruch, der ihnen mit einem breiten Grinsen über die Lippen gleitet, wenn sie erfahren, dass man aus Deutschland kommt. Die Kirgisen und Usbeken mögen uns, besonders aber unsere Autos. An jeder Kreuzung stehen die in der BRD ausgemusterten Audi 80- oder eckigen Mercedes-Karossen. Mal ein eigenes deutsches Fabrikat zu besitzen, ist unter Männern ein Herzenswunsch.

Dazu sind sie vernarrt in die deutsche Bundesliga. Sobald man auf der Straße als Deutscher ausgemacht ist, klingen Namen wie Ballack, Podolski, Klinsmann, Bayern München, Schalke oder Dortmund mit dickem Fragezeichen. Kaum etwas anderes weiß man von uns oder will man zumindest wissen. Vielleicht fällt noch der Name der Musikgruppe Rammstein, aber dann ist Schluss. Es stimmt mitunter nachdenklich, dass unter den türkisfarbenen Kuppeln der Moscheen, entlang der alten Seidenstraße, wo Gelehrte im Mittelalter große Entwürfe zur Mathematik wie Astronomie beitrugen, wo die Dichtung eines Nawai oder Dschami dem Sufismus eine poetische Stimme verlieh, nichts mehr lebendig scheint vom Interesse für andere Kulturen.

Die winzige deutsche Christengemeinde in Taschkent, die drei dort ansässigen deutschen Privatbrauereien, eine Handvoll deutschstämmiger Siedler in Tadschikistan, das Sternbräu in Bischkek, das Goethe-Institut, die Deutsche Gesellschaft für Technische Zusammenarbeit – das sind die wenigen interkulturellen Fußabdrücke, die der Deutsche heut in Zentralasien hinterlässt. Der Eindruck liegt nahe, dass ein Austausch zwischen Europa und dem Orient kaum mehr stattfindet.

Westliche Propaganda beherrscht die Medien, leitet die Industrie. Islamisten sehen sich an die Wand gedrückt und reagieren feindselig. Mit Mitteln wie Werbung und Gleichschaltung wird von den westlichen Industrienationen versucht, einen Markt zu schaffen, der nur mehr darauf angelegt ist, die kulturellen Unterschiede zu beseitigen. Auf der einen Seite wettern sie gegen Chinas Tibet-Politik, aber andersherum wird jetzt der gesamte Orient eingeebnet, nachdem man schon das

Abendland gegen die EU ausgetauscht hat. Die Deutschen als Nation sind dabei ebenso lästig wie ein Turkestan oder ein usbekisches Volkstum.

Im Iran

Demonstration in Teheran – pro Ahmadinedschad

Hinter der schwarzen Wüste, vom turkmenischen Aschgabat in die grünen Berge von Golestan hinein wächst wieder das Interesse wieder an den Deutschen. Denn die Islamische Republik Iran ist ein Staat, der die kulturellen Eigenheiten der Völker für wichtig erachtet, in dem Wissenschaft und Kunst stets eine wichtige Rolle spielten und spielen. Der internationale Druck, die Sanktionen des Westens, der Ausschluss vom weltweiten Geldverkehr bescheren dem Iran nicht bloß Nachteile in seiner Entwicklung: Er wird im breiten Maße verschont vom kulturfeindlichen Einfluss der Weltmächte auf seine eigene Identität. Er zahlt in der Tat einen hohen Preis, aber der Gewinn ist – zumindest in dieser Hinsicht – ein lohnender.

Die Iraner sind überaus freundliche Menschen. Sie besitzen fast schon einen Hang zum Naiven in ihrer Vorurteilslosigkeit. Und am meisten mögen sie die Deutschen von den Ausländern, die ihr Land bereisen. Das kann man ohne viel Mühe erfahren, wenn man in Fars oder am Kaspischen Meer unter den Nachfahren der alten Perser weilt. Als Deutscher wird man beinahe wie ein Verwandter aufgenommen. Einladungen zum Essen, zum Übernachten, überhaut zum Beisammensitzen mit Wasserpfeife und süßem Tee sind nicht selten. Aber was in anderen Ländern sonst zuerst zur Sprache kommt, rührt in Persien die wenigsten an. Die landesweite Mercedes-Flotte der iranischen Polizei bildet dabei vielleicht die Ausnahme.

Dringlicher erachtet man die Feststellung über die Verwandtschaft unserer beiden Völker. Das wird gern mit den verhakten Zeigefingern symbolisiert. Man bekommt dabei erklärt, dass die Perser auch aus Deutschland kommen. „Wir seinen schließlich alle Arier", kann man in Teheran als geradebrechte Antwort hören. So hat es wohl ein jeder in Schule gelernt im Land der Arier, wie sie es selbst bezeichnen. Und natürlich sind nicht nur unsere Sprachen verwandt. Den Iranern sieht man das gemeinsame Erbe an – der Schnitt ihrer Gesichter, ihr Sinn fürs Erhabene, ihr ausdauernder Fleiß – Merkmale, die sie deutlich von den Turkvölkern im Norden und den Arabern im Süden abzeichnen.

Die Iraner haben trotz ihrer langen islamischen Tradition einen eigentümlich europäischen Stil entwickelt, der unter Reza Schah, nach dem Vorbild des türkischen Staates unter seinem Präsidenten Mustafa Kemal Atatürk, einen starken Aufschwung erfuhr. Die Deutschen holte man gern ins Land. Sie hatten niemals mit Kolonialansprüchen nach Persien geschielt. Das bis dahin rückständige Persien bekam Dank deutscher Hilfe das moderne Antlitz des Iran: die zwei bedeutenden Eisenbahnwege von Nord nach Süd und von Ost nach West wurden mit der Unterstützung deutscher Fachleute gemeistert wie auch die Begründung des Teheraner Flughafens. Unter deutscher Leitung entwickelten sich der Straßenbau, Post- und Bankenwesen, Maschinenbau, Universitäten und technische Hochschulen. Mitentscheidend für die Änderung der Landesbezeichnung 1935 in „Iran" waren ebenfalls deutsche Berater. Kurzum, der Iran unterhielt eine enge, freundschaftliche Beziehung auch zum nationalsozialistischen Deutschland, bis ihn 1941 die Alliierten besetzten und der deutschfreundliche, amtierende Reza Schah ins südafrikanische Exil verbannt wurde. Darauf beruht immer noch ein Großteil der Erinnerungen.

Doch nicht nur Hitlers „Mein Kampf" auf Farsi kann man an fast jedem Bahnhofs-Kiosk erwerben, auch die Werke Nietzsches, Heideggers oder Goethes findet man, übertragen ins Persische, in den Buchhandlungen. Aber auch umgekehrt haben wir ein Verhältnis zur persischen Literatur. Neben Johann Wolfgang von Goethe machten auch Joseph von Hammer-Purgstall oder Friedrich Rückert die persischen Dichter Firdowsi, Saadi und Hafis am Anfang des neunzehnten Jahrhunderts in deutschen Landen bekannt. Goethes „West-östlicher Diwan" bindet bis heute ein Band in die persische Welt und Nietzsches „Also sprach Zarathustra" erhält den persischen Religionsgründer bei uns lebendig.

Die Fatwa gegen Salman Rushdi wie das Mykonos-Urteil hinderten bisher nichts an unserer Beliebtheit bei den Iranern. Wie sich allerdings bundesdeutsche Politiker in den letzten Jahren gegenüber dem Iran verhalten, nur um ihren militärischen Verbündeten zu gefallen, mag besorgniserregend sein. Jedenfalls in Hinsicht auf das gute Verhältnis zum iranischen Volk. Denn dieses lebt im Iran und nicht als winzige Opposition im deutschen Asyl. Daran sollte man immer denken.

Schon jetzt fragen die Iraner nicht selten das Abwegige, ob wir sie alle als Terroristen ansehen. Ihre Angst scheint berechtigt, angesichts der säbelrasselnden Öffentlichkeit Israels und der voreiligen Anschuldigungen der westlichen Staaten wie deren Presse. Es wird von außen gedroht, erpresst, gelogen. Wir Deutschen ständen in der Pflicht, ein wenig zur Klärung beizutragen, anstatt den Kopf einzuziehen.

Der Irak hat Ähnliches hinter sich, Syrien steht in der Schusslinie, der Libanon mit der Hisbollah gleich mit. Die alten Besatzer haben wieder ihre Finger im Spiel. Aber auch hier hat Deutschland immer eine nur wirtschaftliche oder kulturelle Funktion, nie eine koloniale oder kriegerische, ausgeübt. So etwa mit dem Bau der Bagdad-Bahn unter deutscher Federführung. In Damaskus steht neben dem Sarkophag des Sultans und Heerführers Saladin eine prächtige Schenkung des deutschen Kaisers Wilhelm II.

Wir Deutschen müssen uns auf unser Erbe gegenüber dem Nahen und Mittleren Osten besinnen und darüber hinaus sollten wir uns verpflichtet fühlen, mit einer neuen Neutralität dem Ausverkauf des Morgenlandes entgegenzuwirken. Denn nicht nur unser guter Ruf steht auf dem Spiel, sondern der Frieden zwischen Orient und Okzident.

Die verschwundenen Völker

Franzosen

„Es ist ein gutes Volk,
in seiner Liebe rasch lodernd
wie in seinem Zorn."

Friedrich Schiller

Unsere Sprache selbst führt uns, einem Wegweiser gleich, zu den frühen Zeugnissen dessen, was die Franzosen einst an Charakter und Gestalt besaßen, wenn wir von Frankreich sprechen als dem Land der Franken. Wir meinen damit immer das von Chlodwig (486-511) gegründete fränkische Reich, in dem Franken und Alemannen mit der keltoromanischen Bevölkerung Galliens sowie mit den in ihrer Mitte, an Rhône und Garonne siedelnden Burgunder, Westgoten und kleineren Stämmen verschmolzen.

Wenn auch die Nachkommenschaft Chlodwigs das Reich unter sich teilte, blieb dieses Frankenreich weitgehend eine äußere Einheit, in der sich aus verschiedenen, aufeinander folgenden Siedlungsströmen ein eigener Volkstypus herausformte, der in seinen Anlagen zwar keltisch blieb, jedoch unter romanischem Einfluss stand und von dieser Kultur befruchtet wurde. Die älteste Bevölkerung Frankreichs bestand noch aus Ligurern und Iberern, die zu geringeren Anteilen in den Besiedlungswellen aufgegangen sind.

Den Franzosen war stets ein hohes Nationalbewusstsein zu eigen. Dieser Charakterzug vermochte über viele innere Krisen und äußere Erschütterungen hinweg das Gesamtgefüge der in sich sonst sehr ungleichen Bevölkerungstypen Frankreichs zusammenhalten. Der Nationalstolz war sozusagen der notwendige äußere Verbundstoff für das inhomogene seelische Innenleben des französischen Volkes und damit Kennzeichen der französischen Eigenart.

Aus dem französischen Sprachgebrauch hat sich das eigensinnige Wort des „Chauvinismus" bis in unsere Muttersprache übertragen, es markiert diesen Wesenszug aufs Deutlichste. Der Begriff geht zurück auf Nicolas Chauvin, einen aufopferungsvollen Soldaten der ersten französischen Armee, der ganze siebzehnmal verwundet wurde und dem Napoleon I., der Legende nach, für seinen Ehrgeiz und seine Loyalität einen Ehrensäbel und eine Pension geschenkt haben soll. Der Patriotismus wurde damit als anerkennenswertestes Pfand von allerhöchster Stelle geadelt und galt geradewegs als eine uneinnehmbare Festung in der seelischen Landschaft der Franzosen. Doch bereits in der nach-napoleonischen Ära vollzog sich eine völlige Auflösung dieser Charakterseite.

Der französische Ehrenmann wurde zum politischen Popanz und Chauvin von hämischen, kleinherzigen Theaterdichtern zur grotesken Witzfigur eines ideenlosen Behauptungsprinzips entstellt. Diese drastische Entwertung des hohen Tatenernstes des Einzelnen bis zum Eskalationsgrad öffentlicher Lächerlichmachung war bereits ein Vorbote für die seelischen Auflösungserscheinungen, die Aufweichung des alten französischen Volkscharakters. Nun galt es mehr hohler Häme und Heiterkeit als ideen-bildnerische Tiefe und politische Tatbereitschaft.

Das französische Volk entbehrte nie des Feinen und Edlen. Nicht einmal unter seinen waffentragenden Helden, wenn wir Jeane d´Arc, die Jungfrau von Orléans, an die Spitze dieses französischen Geisterheldenheeres stellen. Sie hat den Volksgeist zu beschwören vermocht, hat die tiefsten seelischen Sehnsüchte der Franzosen freigelegt, nicht nur durch Mut und Frömmigkeit, woran es dem Frankreich des fünfzehnten Jahrhunderts niemals mangelte, sondern durch die heilige Tat der Aufopferung des Einzelnen für das Gemeinwesen. Das Märtyrertum nimmt in der Geschichte des französischen Volkes einen geradewegs unübersehbaren Stellenwert ein. Man betrachte nur die Liste jener unter dem Fallbeil der Guillotine Hingerichteten der Französischen Revolution: Nicht nur Danton wurden die schönsten Denkmäler gesetzt. Da waren auch die unauslöschlichen Namen von Marie Antoinette und Maximilien de Robespierre. Und selbst Napoleon I., der zwar Korse war, aber den französischen Seelenkosmos als Komet durchzuckte, musste im Namen Frankreichs als ein Franzose versinken, um heute noch das Selbstbewusstsein jedes französischen Schulbuben mit Nationalgefühl zu füttern.

Das Feine und Edle aber, es suchte sich seinen französischen Ausdruck in der festen Wirklichkeit, wie etwa im französischen Porzellan oder in den grazilen Gewändern der bald schon in aller Welt berühmten französischen Modemacher. So auch im Prunkgemach der Madame de Pompadour, im Kronleuchterglanz des Sonnenkönigs Ludwigs des XIV. Das Höfische, das sich uns geschichtlich so sehr als das Französische schlechthin ins Bewusstsein geschrieben hat, es ist dem Wesen der Franzosen so unmittelbar beigekommen, weil es immer auch romantisch war. Wenn sich in der französischen Hofkultur auch eine Entartung dieser romantischen Idee vollzog, und der Pöbel, wie man das gemeine Volk nannte, stets nur von außen durch die versilberten Tore der Fürstenpaläste blickte.

So lassen sich auch die Troubadours, die um die erste Jahrtausendwende vor allem in Südfrankreich in Erscheinung traten, als frühe Repräsentanten dieser romantisch geprägten französischen Wesenskomponente bestimmen. Ein ähnlicher Vertreter des alten französischen Volkscharakters war der Dichter François Villon (1431-1461), dem so sehr das Zügellose und Aufmüpfige, mitunter auch das Liederliche und vor allem Unanständige, eben nach Franzosenart, gefielen und der sich zur Stimme der Verstoßenen und Abseitigen aufschwang. Er zählt zu den großartigen problematischen französischen Charakteren, die einerseits hochschöpferisch und begabt, andererseits tief in Zuchtlosigkeit und Leichtsinn verstrickt waren. Seine Spur verliert sich in den abgerissenen Aufzeichnungen einer Reihe von Mord- und Zuhälterprozessen.

Ähnlich sinnlich ausgerichtet und dichterisch fähig sowie von eben gleicher diabolischer Natur, war der große Nationaldichter Honoré de Balzac (1799-1850), der vielleicht wie kein zweiter Franzose so sehr französisch gedacht, gelebt und geschrieben hat. Er war einer jener maßlosen französischen Lebemänner, jener unersättlichen kultivierten Genießer und Betrachter, der zugleich dem Abgrund der Verschuldung und seelischen Vernichtung nicht zu entgehen vermochte. Er hat in seinen Romanen der Pariser Bevölkerung, und damit dem Franzosen schlechthin, ein unumstößliches Denkmal gesetzt, denn er hat in seinen Werken die Begierde gefeiert, wie sie nur die Franzosen zu leben sich unter den Völkern getrauen. Dies ist der unheimliche Wesenszug, der der französischen Liebesmoral über den Volksmund aller Völker ein so singuläres Zeugnis ausgestellt hat. So lässt etwa Goethe seinen Mephisto gegenüber Faust empört ausrufen, als dieser sich begehrend nach Gretchen wendet und meint, dass er keine Stunde bräuchte, um solch ein Mädchen zu verführen: „Ihr sprecht schon fast wie ein Franzos!".

Die französischen Dichter haben, als Sachverwalter der von Zeit zu Zeit, eben à la mode, beliebtesten aller Sprachen unter den Europäischen, ein so unermessliches Erbe aufgestellt, in denen uns die weichen Eigenarten der französischen Seele entgegensehen.

So auch die große Reihe der französischen Maler und Bildhauer bis hin zum gewaltigen Werk von Rodin. Betrachtet man die Werke jener gigantischen Künstlerriege, so sehen wir Landschaften und Menschen, immer aber auch einen gewissen „französischen Ton" in diesen. Ein weiterer Wesenszug der alten Franzosen: die Geselligkeit. Die Salonkultur, die Modenschau, die ganze Entwicklung der Wohnkultur, hat in Frankreich ihren Ausgangspunkt gefunden. Da tritt wieder das Feine und Verspielte zu Tage, der Geltungsanspruch, der den Franzosen zu eigen ist. Und es ist eine ganz und gar andere Geselligkeit, wie man sie heute in den Großstadt- oder Provinzlokalen als solche missverstehen könnte.

Das französische Volk hat sich jedoch auch tödlich in der eigenen Geschichte und Wesensartung verstrickt. Das blutige Kolonialkapitel und die rein nationalistisch geprägte Vorstellungslandschaft „Frankreich" haben das französische Volk unter abertausenden Fremdvölkerschaften heimatlos im eigenen Lande gemacht.

Heilig und weiblich: Frankreichs altes Schönheitsbild Jeanne d´Arc

Auguste Rodin – franzöösischer Künstlertyp schlechthin

Der französische Antlitz im Ersten Weltkrieg

Frankreichs Antlitz heute:
Seit der Fußball-WM 1998 wurde statt des Dreiklangs „bleu – blanc
– rouge" (für die Farben der Nationalflagge) der Neologismus „black –
blanc – beur" (für die ethnische Zusammensetzung der Nationalmann-
schaft aus Schwarzen, Weißen und Maghrebinern) populär.

Engländer

„Der Engländer ist im Anfange einer jeden Bekanntschaft kaltsinnig
und gegen einen Fremden gleichgültig. Er hat wenig Neigung zu kleinen
Gefälligkeiten. Dagegen wird er, sobald er ein Freund ist, zu großen Dienst-
leistungen aufgelegt.“

Immanuel Kant

Mehr als ein Jahrhundert hat der englische Löwe die zerstreuten Völker seines ausgedehnten Weltgeheges in Zwang gehalten, doch ist der Kolonialschmuck der englischen Krone längst Geschichte, längst auch das geflügelte Wort der „feinen englischen Art" zur blassen Legende verschwommen, denn das englische Volk ist, in ähnlich verhängnisvoller Verstrickung seines weltgewandten Charakters wie die Franzosen, zum eigenschaftslosen Allerweltsvolk und am Ende das Opfer der eigenen Expansionspolitik geworden.

Als raues Seefahrervolk war es in die Geschichte des nördlichen Europas getreten und brachte sich in den Ländern und auf den Ozeanen aller Himmelsrichtungen in Einfluss und Vormachtstellung. Die gigantische Kartographie des britischen Empires ist ein Dokument für den gewaltigen Lebens- und Eroberungswillen, den das englische Volk in den Aufschwüngen seines Selbstbewusstseins in die Welt trug. Die Gegenwart schrieb jedoch am Ende die verhängnisvoll dunkle Tragik in das Stammbuch der englischen Zukunftsgeschichte ein, denn es sollte an diesem Selbstbewusstsein, wie alle Kolonialnationen, verbluten.

Die große Zeit des englischen Volkes, die Helden seiner frühen Blüte, sie leben in ihrer Reinheit, wie vielleicht nirgends sonst, in den geisterhaften Gestalten William Shakespeares als die unvergänglichen Könige und Herrschergestalten.

Überhaupt war England immer ein Königsland. Sein Volk, immer ein loyales, ein königliches Volk gewesen. Und es ist vielleicht nicht das Würfelspiel des Zufalls, dass loyal und royal im Gleichlaut ihres Wortklanges Gewicht, Anspruch und Wahrheit dieser englischen Königstreue bezeugen.

Unter Königin Victoria (1819 - 1901) erlangte England noch einmal politischen, wirtschaftlichen und kulturellen Aufstieg. Es war ein erntereicher Herbst des englischen Volkes, ein letztes farbenfrohes Früchtetreiben und Blätterwehen vor dem hereinbrechenden Wintersturm der Weltgeschichte. Die Viktorianische Zeit förderte die tiefsten und schönsten englischen Seelenströmungen zu Tage. In der Malerei erhob sich das historische Hohelied auf die unvergänglichen Gestalten der alten Mythen, auch Shakespeares Charaktere erstanden in den epochalen Bildnissen von Burne – Jones und Waterhouse neu. Und ein neuer Frauentypus, ein idealenglischer, durchflutete mit seinem dunkelroten Haar die schillernden Gedankenbildersäle des Volkes.

Vom „Viktorianischen Wunderland" war da die Rede, und von seinen „festlichen Träumen" wurde gar viel gemurmelt. Immer verstand sich das englische Volk auf einen gewissen Glanz, eine Idee des Glimmers und Glänzens. Man suchte und förderte etwas Exzentrisches, Feines, Überlegenes. So wurde England zum Laboratorium ausgefallener Mode und auch des Salonwesens.

Selbst im englischen Humor, diesem berühmt „schwarzen", offenbart sich diese selbst gewählte, stolze Abseitigkeit der englischen Seele, die es liebt, in Verkleidungen zu leben. Der ganze englische Hofstaat, das gesamte englische Naturell war stets eine Verkleidung, ein Bekenntnis zur Form, zur Stabilität, zum „Understatement", das am Ende jedoch nur noch inhaltsleere Etikette blieb.

So wurde der Snobismus im englischen Volksgeist geboren, eine fragile Entartungserscheinung des rein englischen Wesenszuges. Das breite Volk aber, die unterscheidungslose Masse, sie hatte und hat an diesen diabolischen Exponenten ihr Labsal. So stand man vor den Hinrichtungsstätten der Inquisition, wie man heute vor den Zeitungsanschlägen der journalistischen Gerüchtefabriken steht, denn immer auch war die Sensation das Treibmittel des englischen Charakters. So konnte sich in England das Genre des Krimis, der Verbrecherliteratur, herausbilden. Die Bücher eines Edgar Wallace, die Detektivromane um Sherlock Holmes (von Sir Athur Conan Doyle), sie befriedigen einen gewissen Trieb der englischen Volksseele. Und auch die ebenso anziehende wie unheimliche Erscheinung Oscar Wildes vermochte nur das überfällige Ergebnis der gesellschaftlichen Negation zu sein, in die die dunklen englischen Kräfte und Triebe gipfelten.

Noch einmal aber soll der Kristallalisationspunkt des Echt-Englischen aufgegriffen werden. Er hat in der Figur Robin Hoods vielleicht seinen reinsten Patron, seinen tiefsten Charakter gefunden. Auch die englische Seele verlegte sich also, gleich der deutschen Seele, mit der Sehnsucht nach Sammlung und Sicherung des eigensten Kräftebestandes, in den natürlichen Schutzraum des Waldes. Und hier tut sich das Tor zu einer gewaltigen geschichtlichen Tragik auf, denn vom englischen Volke aus sprang der Zündfunken der Industriellen Revolution in die Welt der alten Bewahrung von Wunder- und Waldsehnsucht. England hatte den Startschuss zur Zertrümmerung des Gleichgewichtsverhältnisses des Menschen zur Natur gegeben. Die englische Fabrik war der gespenstische Opferaltar des wirtschaftlichen Aufschwungs, die grauen, trostlosen Mietskasernen der Arbeiter der sich empor wuchtenden Industriestädte, der Amboss für die einstige Waldsucherseele der Engländer, um unter dem Hammerschlag der schröpfenden Aktienhändler zu bluten. Der Londoner Aktienhandel schickte sich an, das Folterrad der ausgehöhlten Volkswirtschaft zu werden. Und die Statthalter des englischen Selbstbewusstseins waren plötzlich die Leute von Geldadel geworden, und nicht mehr die Könige und Herrscher der Shakespearewelt. Und sind es auch heute nicht mehr, weder die schillernd kühnen Seelenkundgebungen eines Lord Byron oder die von John Keats veranstalteten romantischen Gedankenfackelzüge durch das nächtliche Land der Phantasielosigkeit, es sind fahle Pop-Ikonen einer ausgehöhlten Kulturindustrie, die ihren Aberwitz feiern, der so grauenhaft finster im Zeitstrahl englischer Geschichte aufzuckt, dass man das Wort vom „schwarzen Humor" so ganz und gar zum Trauerflor dieses sterbenden Volkes zu winden sich traut.

Englisches Frauenideal von J. W. Waterhouse

Lord Byron, Dichter und Verkörperung des englischen Jünglingstypus

Englischer Soldat des Ersten Weltkrieges

Krawalle 2011:
Multiethnische Chaoten verwüsteten wie hier in London ganze Staftvier-
tel. Sie waren kaum unter Kontrolle zu bringen und ließen Fassungslo-
sigkeit zurück.

Griechen

„Ich fürchte die Griechen,
selbst ihre Geschenke."

Vergil

Wie vielleicht kein zweites Volk ist das griechische zu Glück und Tragik verdammt, nur noch ein rein geschichtliches zu sein, dessen scheinbare Gegenwart sich hinter großen Namen mit tausendfältigen Tragödien verschleiert.

Die Geistesgeschichte des Abendlandes, die ganze Entwicklung seiner Literatur, Kunst, Wissenschaft und Philosophie ist ohne die unwägbare Summe griechischer Seelenfunde nicht denkbar. Dieses Volk hat für alle Völker in den Schatzkammern der Schöpfungsgeschichte gewühlt und zu Tage gefördert, was sonst unlösbares, schmerzhaftes Welträtsel geblieben wäre.

Und es ist nicht nur dieses Leisten, das den Griechen so hohen Geltungsrang im Reigen der Völker für alle Zeiten einräumt und ihnen das unsichtbare Herrscherzepter des europäischen Geistes in die Hände legt, es ist das Wunder jener bezeugten Anschauungen, die sich aus der staatsbildenden Organisation jenes Volkes, aus dem vorzüglichen Gemeinleben und damit geschaffenen Entfaltungsfreiräumen jenes besonderen Völkercharakters ermöglicht haben: Die Theokratie des Schönen, die Götterfreundschaft der Griechen, die unstillbare Expedition des griechischen Geistes in das Land der verhüllten Weisheit, der verborgenen Weltzusammenhänge.

Johann Wolfgang von Goethe, der sich im Alter als großer Deuter des Griechentums für uns Deutsche erwies, fand zu der Formel würdigen Staunens und Bewunderns: „Unter allen Völkerschaften haben die Griechen den Traum des Lebens am schönsten geträumt." Und Friedrich Schiller verfolgte die Allgewalt griechischer Gedankengebäude noch bis zum Sterbebett, auf dem er sagte: „Verwünschte Griechen, verwünschtes Wissen! Warum laßt ihr mich nicht los, damit ich in Ruhe sterben kann."

Die Griechen zeichneten sich, wie die Geschichte zu überliefern weiß, nicht nur durch große Geistesstärke aus, es war vor allem auch Tapferkeit ein ausgesprochener Wesenszug des griechischen Volkes, wie es die geheimnisvollen, lebenssprudelnden Sagen und die zahllosen Berichte der alten Chronisten bezeugen. Eines der unauslöschlichen Denkmäler für den Tapferkeitsgeist der Griechen ist die Rede von Perikles (490–425 v. Chr.), einem der größten Staatsmänner Athens, die er auf die Gefallenen des ersten Kriegsjahres des Peloponnesischen Krieges hielt und die er mit Gedanken an die Vorfahren und ihrer Tapferkeit einleitete:

„Zuerst jedoch lasst mich von unseren Vorfahren anheben; denn es ist recht und geziemend, zugleich ihnen bei einer solchen Gelegenheit diese Ehre der Erwähnung zu erweisen. Denn sie haben durch ihre Tapferkeit dieses Land in ununterbrochener Folge von Geschlecht zu Geschlecht bis auf diese Stunde den Nachkommen als ein freies vererbt."

War es vielleicht diese Tapferkeit, die den Volkstod der alten Griechen forderte, etwa in den verlustreichen Kriegen gegen die Perser? Keineswegs. Es war vielmehr eine Art innerer Selbstauflösung, die nichts als den gesicherten Frieden und Wohlstand zum Nährboden hatte. Das Gefüge des griechischen Staates begann in dem Maße zu zerbröckeln, in dem es gewachsene Ordnungen zugunsten von bürgerlichen Freizügigkeiten und Dekadenzmöglichkeiten preisgab. „Vor das Ende eines Volkes hat Gott die goldenen Schüsseln gesetzt." Zu diesem provokanten, aber ins Herz der historischen Griechenfrage treffenden Gedanken findet der Schriftsteller Joachim Fernau in seiner Geschichtsbetrachtung „Rosen für Apoll". Die alten Griechen waren satt geworden, müde, unterfordert. Eine Degenerierung des griechischen Lebenswillen setzte ein, ein Umstellen auf Genuss, dessen Folge Verdruss und zuletzt Verlust der seelischen Spannkraft war. Vieles, was dann geschah, ist in den verdunkelten Labyrinthen der Zeitgeschichte verschollen geblieben. Sicher ist, dass eine Umvolkung stattfand, dass die Griechen der späteren Berichte andere waren, als jene der frühen Überlieferungen.

Das griechische Volk der Gegenwart ist, so stolz und notwendig es sich in immerwährendem Bekenntnis zu seiner Geschichte zu nähren vermag, nicht mit jenem großen Griechenvolk identisch, das uns das klassisch-antike Beispiel gegeben hat. Das heutige Griechenvolk bleibt ein Phantomvolk des versunkenen Griechenlandes, es gleicht den alten deutschen Städten, die nach Zerstörungen wieder aufgebaut wurden und sich des historischen Namens, ihres Wohlklangs und geschichtlichen Ranges bedienen, aber eben nichts bleiben müssen als verzerrte Nachahmungen, Gestaltungen einer reinen Augenscheinlichkeit.

Die große wirtschaftliche Gegenwartskrise hat das griechische Volk in die schmalen Schranken seiner Leistungsfähigkeit gewiesen, denn es sind nicht mehr die einstigen Heldenheere, die Hellas bevölkern, es ist eine zivilisatorische Zweckgemeinschaft, die den historischen Raum Griechenland besiedelt.

Die heutigen Griechen haben unter den Europäern mit durchschnittlich 80 Jahren die höchste Lebenserwartung des Kontinents. Diese Erwartung war in den eigentlichen Hochzeiten der griechischen Volksgeschichte eine diametral kleine. Doch sind es eben andere Menschen, die nun die einstige Topographie der Antike bevölkern, ein anderer Geist, der unter den immergrünen Olivenzweigen wandelt und waltet. Apoll wurde von Bacchus besiegt. Das Schöne, Kunstsinnige, Erhabene, das Griechische eben, es hat sich nun mehr sein Refugium im Reich der Sage eingerichtet.

Athen, die einstige große Königin der antiken Weltstädte, sie liegt im Dornröschenschlaf einer urbanen Massenhybris, liegt im fahlen Neonlicht der Neuzeit gefangen. Wellblechdächer und Antennen besiegeln gespenstisch den Todesfluch, der auf, den einst so großen Stätten der Götterweisheit, durch die Gegenwart gefallen ist. Das ganze Land flackert wie eine unruhig vertropfende Kerze. Und der Docht dieser Kerze ist der griechische Lebensfaden, das Wachs sind die letzten geschichtlichen Tatsachenbestände. Griechenland hat die Probleme aller westlichen Kulturen: es ist Schmelztiegel ethno-sozialer Konflikte geworden mit allen Folgen.

Perikles – Ausdruck des absolut Griechischen

Klassisches Griechenland

Griechischer Soldat um 1910

Ausdrücke der Krise:
aggressive Proteste in Athen gegen die ruinöse Politik der Regierung, die
auch das deutsch-griechische Verhältnis belastete.

Italiener

„Man mag so alt, so gelehrt, so weise und geschmackvoll sein, als man will –
eine Reise nach Italien gibt immer noch dem Geist ein neues Gepräge."

Georg Christoph Lichtenberg

Das italienische Volk muss sich eine Menge Zueignungen und Klischees gefallen lassen. Da ist stets die Rede von „rassig" und „temperamentvoll", ohne dass man genaue Verlautbarungen vernähme, woher diese „echt italienischen" Eigenschaften denn eigentlich ihre Prägung haben. Man hat bei den italienischen Männern immer eine Cappuccinowerbung im Ohr oder eine sentimentale Liebeserklärung, ein „Ciao Bella!". Und was die italienischen Frauen betrifft, herrscht Einigkeit darüber, dass sie lackierte Fingernägel, roten Lippenstift und Schuhe mit Absätzen tragen. Ist diese Summe an Meinungen und Vorurteilen aber eine Entsprechung der eigentlichen, urtümlichen Volkstypologie? Sind es nicht vielmehr nur die verstümmelten Wegweiser ins Oberflächliche und Triviale, die kaum Übereinstimmung mit den frühen, großen Zeugnissen der italienischen Seele finden? Ist auch hier ein Volk unmerklich an die Stelle eines anderen getreten? Es fällt schwer, der heute so oft ins Spiel gebrachten Aufgeregtheit einen Rang in der italienischen Geschichte beikommen zu lassen. Schauen wir auf die reinsten und höchsten Äußerungen der italienischen Kunst, so stehen wir plötzlich mit verhaltenem Atem vor dem großen ruhigen Genius Dante Alighieris. Sein Gesicht ist wie jeder Fingerbreit seiner aufgerichteten Gestalt, jede Zeile seiner Hand, ein denkwürdiger Merkspruch großer Besinnung und Ruhe. Und wenden wir uns mit dem Blick des Forschenden seinem Nationalepos zu, der Göttlichen Komödie, so finden wir nirgends auch nur einen Anflug solcher Geschwätzigkeit, obwohl sich in jenem weit gefassten Gesprächsrahmen nichts mehr und leichter hätte ermöglichen lassen. Oder senken wir unseren Blick in das Antlitz italienischer Frühe, wo reifende Sehnsucht und unerreichbarer Mythos sich umarmen: in den Bildern, Skulpturen und Gedichten Michelangelos. Da reden die Steine von ganz anderem Leben, da tragen die Worte ein besinnlicheres Lied vor, niemals aber den Leichtsinn und die Leichtigkeit.

Und wie ließe sich die endlose Reihe großer römischer Denker, Redner, Staatsmänner in ihrer Wucht erklären und erhalten, wenn wir an das Urteil einer italienischen Leichtblütigkeit glaubten, wo doch die alten, glänzenden Namen wie unzerstörbare Denkmäler des Ernstes aufgerichtet sind: Cäsar, Cato, Cicero.

Der römische Charakterkopf, wie er uns in den antiken Skulpturen und Münzprägungen erhalten ist, scheint so wenig den Antlitzen der italienischen Gegenwart zu gleichen. Am stärksten aber verhilft uns die Kunst, in die italienische Volksseele zu schauen. Und dort wird es dann offenbar, wie sehr das alte Volk sich von dem neuen scheidet. Die Frauengestalten des großen Tizian, die zarten Jungfern Botticellis, es sind nicht jene Frauen, die uns jetzt in Florenz oder Rom oder Padua begegnen. Sie waren weit heller, wie es scheinen will, und standen noch nicht überall unter der dunklen Haube schwarzen Haares.

Wie weit aber lässt sich das römische Erbe überhaupt bei der Fährtenlese nach dem echt italienischen Charakter in der Gegenwart einbeziehen, einem Weltreich, das den halben Erdball unter seinem Herrscherstab zusammenzwang? Man könnte übertrieben sagen, italienisch ist seit Cäsar in der Möglichkeit alles, was von Britannien bis Ägypten und vom Schwarzen Meer bis zur spanischen Halbinsel reicht.

Eine oft gehörte italienische Redewendung sagt: „Er hat von den Seinen keine Reichtümer geerbt, aber einen guten Namen und Liebe zur Arbeit, und das gilt mehr als Geld." Und so könnte man diesen Spruch auf das italienische Volk selbst anwenden, wenn man in Betracht zieht, dass es als Namen und große Geschichte geerbt hat. Die Italiener sind sozusagen zum dritten Mal auf der Welt: Das erste Mal waren sie es als Römer, das zweite Mal in der Renaissance und das dritte Mal im Heute. Denn die Italiener der Gegenwart leben, wie auch die Griechen, von der großen Vergangenheit. Das Kolosseum in Rom ist vielleicht das drastischste Sinnbild für diesen Zustand zwischen Dasein und längst eingetretener Vergangenheit. Natürlich gibt es noch ein Italienisches Volk. Es gibt die Bauern in der Poebene, es gibt hier und da noch Fischer und Schiffer, es gibt Handwerker und Kaufleute in den prächtigen Altstädten von Florenz und Rom, es gibt die Industriellen aus Turin, die Geschäftstüchtigen aus Mailand, es gibt sogar Künstler, die mit Rötel und Bleistift skizzieren wie einst Michelangelo, aber es gibt nicht mehr das Große und Ganze des alten, herrlichen italienischen Lebens. Und doch scheint sich der Volkscharakter einen festen Wesenszug erhalten haben: Ein Mensch der Öffentlichkeit, ein *homo publicus* zu sein, so wie in Familienangelegenheiten noch immer der alte zeremonielle Respekt gilt und das wundervolle Sprichwort von Mazzini: „Die Familie ist das Vaterland des Herzens."

Wenn man auch meinen könnte, dass der strenge Familiensinn im starken Kontrast zu dem Lebegeist des extrovertierten italienischen Charakterzuges steht. Aber das nimmt keinen Wunder, wenn man bedenkt, dass sogar die italienische Religiosität – wie schon in der Antike – auf eine gewisse Art extrovertiert zelebriert wird. Die gigantischen Massenkundgebungen auf dem Petersplatz zu Rom geben davon ein Beispiel. Das italienische Volk setzt sich, wie auch unser deutsches Volk, aus verschiedenen Stämmen zusammen, und auch diese Stämme lagen viele Jahrhunderte in Zwist und Streit. So geht die heutige Bevölkerungsmischung in Teilen ebenso noch auf germanische Goten zurück wie auf die Langobarden, Veneter, Etrusker, Gallier, Italiker und schließlich auch, vor allem im Süden um Neapel und Palermo, auf die romanisierten, frankophilen Normannen.

Die Einigung des jungen Italiens erfolgte erst in der zweiten Hälfte des 19. Jahrhunderts. In diesen Zeitraum fällt auch eine enorme demographische Schwächung der italienischen Bevölkerung. Zwischen 1876 und 1915 wanderten, zumeist aus wirtschaftlichen Erwägungen, etwa 14 Millionen Italiener aus. Eine unersetzbare Volksschwächung in seiner Substanz ging damit einher. Und das sollte nur der Anfang sein.

Italien hat heute die großen völkischen Sorgenfalten aller Industrienationen. Das italienische Volk ist in einem Traumtaumel aus Modewelt und Tourismusrummel so weit wie nie von seinem großen, einstigen Selbst entfernt.

Dante Alighieri: die früheste Verkörperung des Italienischen

Italiens Frauenanmut der Renaissance in der Kunst Botticellis.

Soldat des Ersten Weltkriegs

Luftballons und Ruinen:
die Italiener als Erben einer großen Kultur

nussject, pixelio

Niederländer

Wenn mir im Ausland ein Mann auffällt, zu unbeholfen für einen Franzosen, zu zeremoniös für einen Engländer, zu treuherzig für einen Italiener, zu biegsam für einen Spanier, zu lebhaft für einen Holländer, zu bescheiden für einen Russen – einen Mann, der mit schiefen Bücklingen sich aufdrängt und mit unbeschreiblicher Entsagung allen huldigt, die er für vornehmer hält als sich, so sagt mir mein Herz und mein Blut im Gesicht: „Das ist dein Landsmann."

Karl Julius Weber

Die Niederländer haben eine Natur, die sich nicht gerne aufschließt. Das ist insofern verwunderlich, weil sie doch auch ein seefahrendes Volk sind. Über 300 Jahre unterhielten sie Kolonien. Auch haben die Niederländer viel ins Ausland geheiratet, so dass ins Mutterland ebenso viele fremde Blutsströme wie fremdländische Anschauungen und Gewohnheiten eingingen. Auch sagte man ihnen immer sehr viel Tüchtigkeit, Handelsgeist und Schläue nach. Sie hielten immerhin das große Kolonialreich Insel-Indiens, und dies gelang weit weniger durch militärische Gewalt als vor allem mit einer besonderen Art der Verwaltung und Fürsorge jener Gebiete. Man hat das niederländische Volk hin und wieder als Künstler des Menschenumgangs gepriesen. Ein solcher Umgang schien notwendig, wenn man sich die hohe Bevölkerungsdichte der Niederlande verdeutlicht, die immerhin 400 Einwohner pro Quadratkilometer beträgt. Es gehört zu den am dichtesten besiedelten Gebieten der Erde überhaupt. Aus dieser Lebenssituation ergaben und ergeben sich ganz spezielle Anforderungen an die Volkswirtschaft und Volksorganisation überhaupt. Man könnte auf den Gedanken verfallen, dass es entweder überhaupt keine oder eben sehr viel mehr ausdifferenzierte Berufsfelder in den Niederlanden gäbe. Und es ist in der Tat so, dass es in den Städten wie Den Haag oder Amsterdam zu einem gewissen Überangebot von einzelnen Geschäftszweigen kommt, dass aber hier eine Eigentümlichkeit im Handelsgebaren einen gewissen Existenzschutz gibt, wenn sich alles auf persönliche Kontakte, einen soziologischen Nenner also, versichert.

Die Duldsamkeit ist, nicht zuletzt durch die Schriften des Gelehrten Erasmus von Rotterdam, für das niederländische Volk immer schon eine Art Grundmaxime gewesen. Hier wollte man die großen Gegensätze des kleinen Raumes versöhnt wissen, denn man hatte viele blutige Kriege zwischen den Provinzen, Städten und Glaubensbekenntnissen geführt. Diese Not machte sich das Volk also zur Tugend. Eine Tugend, die sich jedoch zum Verhängnis wandeln sollte, denn mit der grenzenlosen Geduld und Duldsamkeit kamen auch neue, unlösbare Konflikte in die engsten Lebensbereiche der Niederländer. Die Redewendung „Dat moet hij zelf weten" ist immer schon ein Ausdruck für dieses Prinzip gewesen. Und eben dieses „das muss jeder selber wissen" ist die gefahrvolle Rechtfertigung für alles und jegliches, insbesondere auch und vor allem für den sehr stark ausgeprägten individualistischen Wesenzug des Niederländers. Man will allein sein, autonom, selbständig und unbefragt. Der Wunsch eines jeden Niederländers ist es, ein Haus ganz für sich allein zu besitzen.

Der Individualismus unserer Verwandten ist auch die Ursache für die Aufspaltung des Protestantismus in zahlreiche Einzelgruppierungen und sogar Sekten. Sehr stark wurde auch zwischen den Katholiken und Protestanten überhaupt unterschieden. So konnte sich in einer Stadt wie Antwerpen beispielsweise ein Kanarienvogelzuchtverein zweimal gründen, einmal protestantisch und einmal katholisch. Durch das niederländische Volk gingen also von altersher viele Risse und Schluchten. Und die Maxime der Duldsamkeit trug dazu bei Klassen und Schichten und Stände zu schaffen, und kein nationales Einheitsgefühl entwickeln zu lassen.

Die Bewohner der nördlichen, der friesischen Provinzen fühlten sich von den beiden längs der Küste gelegenen Kernprovinzen in ihren völkischen Ansprüchen ebenso wenig verstanden, wie die südlichen Provinzen Brabant und Limburg, wo man von „Holland" wie von einem Landesteil sprach, zu dem man nur staatspolitisch gehörte. Und wenn der Norden der Niederlande sich mehr nach Norddeutschland gehörig fühlte, fühlte sich der Süden eher mit den deutschen Westfalen und dem Rheinland als mit „Holland" verwandt.

Die gemeinsame Geschichte, vor allem die des Herrscherhauses, war dennoch das stärkere Band. Der Norden verstand sich mehr auf seinen Verstand, der Süden betonte hingegen gern das Gewicht des Gemütes. Der Norden wollte ein besonderes Verhältnis zum Gelderwerb haben, der Süden dafür ein besonderes zum Geldausgeben. Diese speziellen, auf so engem Raum in so extremer Art gegenläufigen Verhältnisse, haben ihren Anteil daran, dass das niederländische Volk keineswegs eine innere homogene Einheit bildete. Für die in Belgien wohnenden Niederländer, die Flamen, treffen des Weiteren sehr spezielle geschichtliche wie gegenwärtige Lebens- und Organisationsvoraussetzungen zu. Sie wurden jahrhundertelang unterdrückt. Das flämische Volkstum hat viel erleiden müssen. Die Flamen wurden als die Bürger zweiter Klasse gesehen. Die Bürger erster Klasse waren die Franzosen, denn das Geld-patriziat in Brüssel und Antwerpen war, mit Blick auf die geschäftliche Goldgrube Paris, frankophil. Und doch bildeten gerade die Flamen den Mittelstand und die ländliche wie städtische Arbeiterschaft. Die Flamen haben jedoch erst spät ein Selbstbewusstsein entwickelt. So kämpfen sie seit 1840 um Anerkennung des Eigenwertes. Und selbst innerhalb dieser flämischen Selbstbehauptungsbewegung kam es zu Spaltungen aufgrund konfessioneller oder sozialer Gesichtspunkte. Der Flame war an die Grenze gestellt und von Grenzen umgeben, ja, er war selber Grenze. Und seine Natur hat etwas Unstetes angenommen, so wie in dem großen flämischen Volkspatron Til Eulenspiegel. Überhaupt ist an dieser Stelle an die großen Söhne dieses niederdeutschen Volksstamms zu erinnern: an die großen Maler Pieter Bruegel und Rembrandt Har-menszoon van Rijn, oder an den großartigen flämischen Dichter, Maler und Lebensschilderer Felix Timmermans.

Aber das niederländische Volk ereilte das gleiche Geschick, wie die meisten Kolonialnationen, es wurde zum Auffangbecken unzähliger Völkerschaften, sozio- wie ethnologisch zum Brennpunkt. Hinzu tritt der fatalistische Umgang mit Drogenkonsum nicht nur unter den nie-derländischen Jugendlichen und die mit der Entwurzelung einherge-hende totale Auflösung kultureller Identität und Tradition, begünstigt und bedingt durch die fremdbestimmten Einflüsse in Musik, Literatur, Kunst und Bildung.

Rembrandts Selbstbildnis – das Gesicht der historischen Niederlande

Ein altniederländisches Frauenbildnis

Anton Fokker, der brühmte niederländische Flugzeugbauer

Drogenkonsum in Amsterdam – die „liberale" Politik macht´s möglich.

Schweden

„För Sverige i tiden!"

(Für Schweden durch die Zeit)

Aus der schwedischen Nationalhymne

Gustav Sundbärg hat vor einigen Jahrzehnten in einem damals viel beachteten Buch („Det svenska folklynnet") versucht, den Volkscharakter seiner Landsleute zu analysieren und genau zu beschreiben. Zunächst wäre dabei das schwedische Volk in die südlichen und die nördlichen Bevölkerungsteile zu gliedern, da im Norden, wie etwa Lappland (deren Bewohner allerdings Nomaden und keine Schweden sind) ganz und gar andere klimatische und vegetative Verhältnisse vorherrschen. Schweden ist das Land, dessen Gebiete am längsten durchgängig von einem einzigen Volk bewohnt wurden. Und das schwedische Volk ist in seiner Geschichte nie von fremden Eroberern bezwungen worden, es hat nie so etwas wie eine Leibeigenschaft oder Fremdherrschaft gekannt. Diese seltenen, sehr bemerkenswerten historischen Gegebenheiten haben den schwedischen Volkscharakter entscheidend geprägt.

Gustav Sundbärg kam zu der These, dass eine bezeichnende Eigenschaft des Schweden gewesen sei, dass ihm völlig der Zugang zur Psychologie fehle. Der Schwede interessiere sich nicht für Menschen, was nicht bedeutete, dass er in Abgeschiedenheit als Einsiedler zu leben wünschte, sondern, dass er lediglich keinen derart inneren Anteil an seinen Mitmenschen nimmt, denn der Schwede ist durchaus ein geselliger Mensch. Man sagt dem schwedischen Volkscharakter nach, dass er seine Menschen in nur zwei Kategorien teile: nämlich in sympathische und unsympathische. Bewusst oder unbewusst verkehrt er mit der einen Gruppe, während er jeden Kontakt mit der anderen Gruppe zu meiden versucht. Er gibt sich dabei wenig Mühe, sich in die Gedankengänge des Menschen hineinzuversetzen, den er nicht mag.

Dafür lassen sich in der schwedischen Literatur viele Belege finden. So hat Verner von Heidenstamm, einer der größten schwedischen Dichter, in einem seiner schönsten Gedichte geschrieben, dass er zwar Sehnsucht nach zu Hause habe, nach der väterlichen Scholle, nach den Seinen und dem väterlichen Gutshof, aber nicht nach Menschen. In Schweden könne man, so Sundbärg, Jahrzehnte seines Lebens darauf verwenden, Schnecken, Algen, Moose zu studieren, aber die Zeit, einen Menschen zu studieren, wäre verlorene Zeit. Dieser Wesenszug der inneren Abgeschiedenheit kann also ein grundlegender der alten

Schweden genannt werden. Es ist somit auch kein Wunder, dass dem Schweden das Dramatische nicht liegt und dass es im Grunde nur einen großen Dramatiker hervorgebracht hat, der auch noch in Deutschland entdeckt wurde: August Strindberg.

Der Schwede scheint viel mehr zum Lyriker bestimmt zu sein, weil ihm für das Dramatische die Kenntnisse oder zumindest das Interesse für die inneren Vorgänge des Menschen fehlen.

Carl Michael Bellmann (1740 - 1795) ist der große lyrische Sänger des schwedischen Volkes, in ihm hat sich alle Sehnsucht gesammelt und zum Lied verdichtet. Er sang von Liebe, Leben und Wein, von Winternacht und Sommertanz.

Auch auf dem Gebiet der Kunst ließe sich belegen, dass für die schwedische Volksseele die Natur mehr im Mittelpunkt steht als der Mensch. Es gibt große schwedische Landschaftsmaler, aber nur wenige Porträtmaler. In der Wissenschaft haben sich ebenso nicht die Geisteswissenschaftler und Philosophen, sondern die Naturwissenschaftler mit schwedischen Namen in der Welt bekannt gemacht, so Carl von Linné und Anders Celsius, sowie der große geographische Forscher und Abenteuerreisende Sven Hedin. Sein Buch „Von Pol zu Pol" begeisterte ganze Jugendgenerationen für das Reisen und Entdecken.

Eine Eigenart des Schweden ist besonders hervorzuheben: Die hohe Einschätzung, ja, ausgesprochene Überschätzung des Ausländischen. So sind viele Persönlichkeiten der schwedischen Geistes- und Kulturgeschichte erst dann von ihrem Volk als solche anerkannt worden, nachdem sie im Ausland Beachtung und Wertschätzung gefunden hatten.

Die Stellung der Frau ist in Schweden immer eine exponierte gewesen. Sie war in der schwedischen Gesellschaft dem Manne stets mehr gleich gestellt als im Vergleich zu anderen Ländern. Sie wurde zu allen Zeiten verehrt und hoch angesehen. Carl Larsson, der große Maler des häuslichen Lebens, hat oft die schwedische Frau in den Mittelpunkt seiner sehr auf das Innenleben der Familie ausgerichteten Kunstwerke gestellt. Seine Bilder gelten darüber hinaus als die „schwedischsten" Kunstwerke überhaupt, denn er hat mit seinen Darstellungen der Volks- und Wohnkultur nicht nur eine besondere Zeit eingefangen, sondern zugleich eine Orientierung und ein Bewusstsein für das wesensgemäße des schwedischen Lebens zum Ausdruck gebracht. Immer hat er dabei auch die Landschaft und die Natur mit einbezogen. Mit dieser ist die Volksseele so tief und echt verbunden, wie kaum bei einem zweiten Volk in Europa. Man kann dies noch alljährlich in Mittelschweden, vorrangig in Dalarna, dem traditionellsten Teil des Landes, zu den großen Mittsommerfesten erfahren. Mit Musik, Rede und Tanz besinnt sich das schwedische Volk dort auf die Sonnenkraft und bekundet Ehrfurcht vor dem großen Kreislauf des Lebens und dem Wechsel der Jahreszeiten. Die Menschen gehen dabei festlich geschmückt in ihren Trachten.

Die demographische Entwicklung des schwedischen Volkes stand lange Zeit unter dem Schatten eines traurigen Rekords, denn Schweden hatte bis zum Zweiten Weltkrieg noch die geringste Geburtenrate in Europa. Mittlerweile hat jedoch unser Volk diese Schlusslaterne in die Hand bekommen und Schweden sich wieder in das europäische Mittelfeld begeben.

Das schwedische Volksgefüge hat sich in sehr kurzer Zeit von einer relativ homogenen zu einer multiethnischen Zusammensetzung gewandelt. In der Nachkriegszeit betrieb man aufgrund von Arbeitskräftemangel massive Einwanderungspolitik. So betrug die jährliche Zuwanderung in den 1950er Jahren durchschnittlich 10.000 Personen. Um 1955 arbeiteten etwa 116.000 Beschäftigte ausländischer Abstammung in Schweden. Die 1960er Jahre waren dann das Jahrzehnt der großen Einwanderungswelle, mit einer jährlichen Zuwanderung von Arbeitskräften in Höhe von bis zu 60.000 Menschen, worunter auch wenige Flüchtlinge waren.

Im Zuge dieses Zustroms fremder Menschen haben sich auch wesentliche Landesgepflogenheiten verändert. So hat man noch vor dem Krieg lediglich einen distanzierten Handgruß, selbst bei näherer Bekanntschaft, gepflegt. Mittlerweile umarmt man sich schon bei flüchtigsten Gelegenheiten und gebraucht das Wort „kram!" (was „Umarmung" bedeutet) als Grußfloskel im Schriftverkehr. Der schwedische Volkscharakter hat somit bereits signifikant begonnen, sich zu verändern, und steht in Gefahr, sich völlig zu verlieren.

Mitsommerfest. Gemälde von Carl Larsson

Alte schwedische Volkstrachten

Schwedens Kinderanlitz einst

Fotograf Peter Gant betitelte dieses Porträt „Hallo Malmö".

Die Balkanvölker

„Der Balkan ist nicht die Knochen
eines einzigen pommerschen Grenadiers wert."

Otto von Bismarck

Durch nichts werden die Beziehungen der Völker zueinander so nachhaltig verwirrt, sabotiert und oft über Jahrhunderte hinaus belastet wie durch nationale oder geographische Sammelbezeichnungen, denen damit zwangsläufig immer auch ein bestimmter Gefühlswert anhaften muss. Für die alten Griechen galten alle nichtgriechischen Völkerschaften als *barbaroi,* ein Wort von ungewisser Herkunft, das zunächst vielleicht nur die fremde Sprache lautmalerisch fassen und wiedergeben sollte. Aber früh schon wurde in diesem Anderssein grundsätzlich etwas Minderwertiges erblickt und der erstarrte Begriff des Barbaren wurde schließlich auch auf Nationen übertragen. In diesen Kreis herabwürdigender Kollektivnamen gehört schließlich auch das Wort „Balkan", mit dem wir nicht nur die südöstliche Halbinsel Europas, sondern unterbewusst vielleicht auch eine von Europa abgewandte Seelen- und Geisteshaltung verstehen.

Der Balkanier verkörperte in der Vergangenheit einen Typus, von dem sich der westliche Europäer deutlich absetze. In seiner Stellung zum Bewohner des Balkans gab das zivilisationsberauschte, schollenfremde und gottferne Europa der letzten hundert Jahre die Verwirrung seiner Gefühle und Werte besonders bezeichnend kund. Darum hat es vieles wieder gutzumachen. Es ist schwer zu gestehen, auf welchen trügerischen Grundlagen unser Wissen vom Balkan und seinen Völkern beruht. Wie erschien noch den vergangenen Generationen der Südslawe, wenn er in den Kreis unseres Lebens, der Hochschule, der Gesellschaft trat? Die Bücher und Lebensberichte reden von Menschen bäuerlicher Prägung und unruhigen Geistes. Über diesen Menschen lag lange Zeit der Schleier des Unbürgerlichen, Abenteuerlichen, ja Beängstigenden. Diesen Völkertypus zu ergründen fiel schwer. Immer hat es aber auch Menschen gegeben, die von der Ursprünglichkeit, Rohheit, Unverdorbenheit und inneren Haltung der balkanischen Bauernvölker entzückt waren. Es waren Menschen, die zu unterscheiden vermochten zwischen dem heroischen Sohne der Berge und Wälder, dem wissensdurstigen Städter, der von der Süße abendländischer Bildung kosten wollte und ihr für immer verfallen war, und jener unglücklichen Übergangsschicht, die in der fremden Welt noch nicht und in der heimatlichen nicht mehr zu Hause war. Jene, die von dem äußeren Glanze des Fortschritts so geblendet wurden, dass ihr Auge die inneren Werte ihrer Volksbrüder hinter der unscheinbaren nicht erkennen konnte.

Mit dem Ausbruch des Weltkriegs beginnt, zumindest für Deutschland, die Wandlung in der Einschätzung der Balkanvölker. Nicht nur, weil jene Kriegsjahre zum Symbol der nationalen Einigungsbestrebungen auf dem Balkan wurden, sondern weil auch der Weltkrieg zur ersten unmittelbaren Völkerbegegnung führte. Die Balkanvölker haben, das darf nicht vergessen sein, ein halbes Jahrtausend die Hauptlast des Abwehrkampfes gegen die Anstürme der Türken getragen, während die anderen europäischen Völker beinah unbehelligt gelebt haben. Und des Weiteren ist zu bedenken, dass die Kultur des Balkans, die Summe also aller völkischen Leistungen von bleibendem Werte, nicht an die Stadt, sondern an das Dorf gebunden ist. Und dass diese also auf der Dorfgemeinschaft und dem Zusammenschluss der Dörfer untereinander beruht. Die balkanische Mittel- und Großstadt hatte keine Zeit, organisch zu wachsen. Ihre Bewohner mussten innerhalb von fünfzig Jahren eine Entwicklung durchlaufen, zu der man andernorts fünfhundert Jahre gebraucht hatte. Wer kann vor diesem Hintergrund erwarten, innerlich ausgeglichenen Menschen und äußerlich konsolidierenden Verhältnissen zu begegnen? Das schroffe Nebeneinander zwischen urtümlich Rückständigem und „letzten Schrei" des Fortschritts, zwischen gediegenster handwerklicher Leistung aus uralter Überlieferung und billigem Kitsch des Auslands. Dazu die Unsicherheit in der Verwendung dessen, was nicht der eigenen Scholle entsprungen ist, und die adlige Haltung der Männer und Frauen in ihren mit unfehlbarem Geschmack gestickten und verzierten Gewändern. Darüber hinaus Elend und unvorstellbare Armut auf der einen, gewissenlos erworbener Reichtum auf der anderen Seite; Mischung der Völker und Stile; starre Tradition und weltanschauliche Zersetzung. Auch der Balkanier muss verstehen, wie schwer es für den Ankömmling aus nördlicheren, westlicheren Bezirken ist, sich bis zum Kern des fremden Wesens hindurchzutasten. Er kann nicht erwarten, sofort in seinem besonderen Lebensausdruck begriffen zu werden. Er kann es aber hoffen. Denn hinter der grellen Kulisse verwirrender Fremdartigkeit tut sich eine stillere Welt auf, der es an Anmut, ja Größe nicht fehlt und die manchen in seiner abendländischen Selbstsicherheit wankend gemacht hat. Denn Kultur und seelische Haltung des balkanischen Dorfes reichen auch heute noch in die Straßen der Wolkenkratzer und der flimmernden Lichtreklame.

Auf dem Balkan ist Zeit nicht Geld. Vielleicht ist der Strich zwischen Zeit und Ewigkeit überhaupt noch nicht gezogen worden, denn Zeit steht dort dem Menschen so unbegrenzt zur Verfügung wie die Luft zum Atmen. Man denke sich nur an den griechischen Tempeln, die auf balkanischen Boden entwachsen sind, Turmuhren. Ein unvorstellbares Bild!

Und doch ist es geschehen. Die Balkanvölker wurden zwangsläufig in den immer engeren Geistes- und Güteraustausch mit hochorganisierten Staaten einbezogen und vor Aufgaben gestellt, deren Bewältigung soviel Substanz und Identität forderte. Die 1990iger Jahre haben dann die Walze wirtschaftlicher und geostrategischer Verwicklungen über die ahnungslosen Völker rollen lassen. An den Auslösehebeln stand eine Handvoll politischer Emporkömmlinge, die den lukrativen Staatenpoker auf Kosten der Landeskinder spielen wollten. Da wurde in den Hinterzimmern der europäischen Regierungen „Völkerroulette" gespielt und mit Rotstift rücksichtslos auf Landkarten gezogen, was neue Grenze und also blutiger Schnitt durch die Völker sein sollte.

Wasserträgerin aus der Nähe von Agram (Zagreb).

Junge Frau aus Bosnien

Zwei junge Männer vom Balkan

Serbiens Vertreter beim Wettbewerb „Eurovision Song Contest" 2009.

Japaner

„Eurasien ist eine Insel westlich von Japan."

Redewendung

Der Osten ist kein geschlossenes Ganzes. Jeder Fremde kommt mit einer bestimmen Absicht nach Japan. Ist er auch nur Globetrotter, so wird er sich von vornherein nur auf den Besuch der hauptsächlichsten Sehenswürdigkeiten beschränken. Sonst wird er als Diplomat oder Student oder Unternehmer zunächst mit den entsprechenden Kreisen Japans zusammenkommen. Und das sind Kreise, die auf den Verkehr mit dem Westen mehr als gewöhnlich eingestellt sind, deren Angehörige in großer Zahl auch schon in Europa oder noch häufiger in Amerika waren. Dagegen ist es schon wegen der Unkenntnis der Sprache schwierig, das Gefühl für die größeren Kreisen des Volkes zu gewinnen.

Die gebildeten Japaner aller Stände und Schichten lebten bis zur Öffnung Japans für die Außenwelt mit Beginn der Meijiperiode förmlich ein Doppelleben.

Auf der einen Seite fühlten sie sich noch immer sehr dem traditionellen japanischen Leben verbunden; das galt vor allem für das Familiensystem, das sie mit stärksten Bindungen umgab, denn kein Japaner kann sich vom Band der Familie lösen, ohne haltlos zu werden. Und wenn der Kommunismus in Japan nie Boden gefasst hat, so lag der wesentliche Grund dafür in dem starken Zusammenhalt, den die Familie dem Japaner bietet. Und dies gerade auch und vor allem in Notzeiten. Auch war die traditionelle japanische Lebensführung völlig anders eingestellt als die westliche. Der Japaner, im Kimono auf der Matte sitzend, ist ein völlig anderer Mensch als der in dem nach amerikanischem Muster eingerichteten Büro arbeitet.

Der Durchbruch der westlichen, besonders amerikanisch bestimmten Zivilisation musste notwendigerweise auch zu einer neuen Art des Lebens führen.

Und doch geht dieser Dualismus wieder eine Verbindung ein, die aus den tiefsten Lebensquellen des japanischen Volkes gespeist wird. Kein noch so „fortschrittlicher" Japaner kommt von ihnen los. Auch für ihn ist die Kaiserverehrung, die die Wurzel des Staatsshinto, der politischen, religiös unterbauten Weltanschauung des Japaners, bildet, eine selbstverständliche Tatsache, an der zu rütteln undenkbar wäre. So kennt der Japaner den Begriff der politischen Revolution überhaupt nicht. Was wir als solche bezeichnen würden, wie den politischen Wandel der Meijiperiode, der Japan mit einem Schlage aus einem mittelalterlichen Feudalstaat zu einem modernen Staats- und Gemeinwesen, einem „Ordnungsstaat" im westlichen Sinne, machte, ist für ihn nur eine Neugestaltung des „kaiserlichen Weges", der seit über 2.600 Jahren, ungeachtet allen Wandels von Zeit und Technik, unbeirrbar verfolgt wird. Dieser Glaube an eine in den Mythos zurückreichende einzige Dynastie stempelt Japan im Bewusstsein seines Volkes zum „Land der Götter", das letzten Endes bestimmt ist, nicht nur dem japanischen Volke, sondern der ganzen Erde den Frieden zu bringen, weil es der göttlichen Erkenntnis am nächsten steht. Deshalb stehen auch Rittertum, Soldatentum und Priestertum in engster Beziehung zueinander. Dass verdiente alte Generäle schließlich den Rang von Shintopriestern bekleiden, ist sehr häufig.

Den großstädtischen Schichten sind die traditionellen Bindungen schon stark gelockert. So trägt der japanische Sport gewissermaßen ein Doppelantlitz. Es handelt sich nämlich bei Judo, Kendo, Sumo und Kyudo nicht um reinen Sport, sondern um Übungen, die eng mit der geistig-sittlichen Haltung des Japaners verknüpft sind. Auch wirken bei ihrer Ausübung Kräfte mit, die nur im östlichen Menschen lebendig sind.

Japan blickt auf eine durch das insulare Dasein bedingte einheitliche geschichtliche Entwicklung zurück. Immer hat es unter einem einheitlichen, eigenen Herrscherhaus gestanden und wurde nie einer Fremdherrschaft unterworfen. Die Enge des Raumes und die jahrhundertelange Abgeschlossenheit gegenüber anderen Völkern und Einflüssen führten zur Entwicklung eines besonderen Lebensstils und einer strengen Staatlichkeit. Der Japaner fühlte sich zu allen Zeiten stets direkt und eng mit dem feudalistischen Staatsgefüge verbunden. Die Macht der Feudalherren war dabei unumschränkt, das ganze System ein polizeistaatliches, für das der charakteristische Ausspruch zitiert wurde: „Davon zu hören, schien himmlisch; darin leben zu müssen, war die Hölle." All das bildete den Untergrund für die lange rein insulare Haltung der Japaner, der sich auf so kleinem Raum völkisch und persönlich entwickelte, und dessen Kultur sich auch nur in diesen engen Schranken entfalten konnte.

Das war das Japan, das der Westen stets als „romantisch" empfand, es war das Land der Geishas und das „Land des Lächelns".

Das Land des Lächelns aber war lange Jahrhunderte durchaus kein gastfreundliches bedingt durch die Notwendigkeit einer solchen schützenden Haltung. Das zeigen vor allem die völlige Absperrung Japans vor äußeren Einflüssen vom 17. bis zum 19. Jahrhundert sowie die Ausrottung des im Süden Japans eingedrungenen Christentums im 17. Jahrhundert. Schon damals erblickten die japanischen Herrscher in einer solchen „Außenreligion" eine Gefahr für das gewachsene, nationale Zusammenleben. Das Christentum entwickelte sich ja schließlich auch, gerade in der Kolonisationsgeschichte der Europäer, zum Träger westlichen Wesens. Der Erziehungserlass des Kaisers Meiji aus dem Jahre 1890 stellt die nationalen Prinzipien scharf heraus und kennzeichnet klar die göttliche Stellung des Kaisertums. Hier liegen die absoluten Bedingungen, denen jeder Japaner unterworfen ist. Seit dem Ende des Weltkrieges hat sich zu diesen noch eine andere Komponente geordnet: die technisch-wirtschaftliche Expansion Japans. Und hier brennt der große Gefahrenherd für das japanische Volk, denn mit dem drastisch steigenden Technisierungsgrad aller japanischen Lebensbereiche wird die gesamte Volkskultur, und mit ihr das japanische Wesen selbst in seiner besonderen Substanz angegriffen. Gerade das strenge Organisationsprinzip des japanischen Volkscharakters, das ihn vor so vielen äußeren und inneren Gefährdungen bewahrt hat, könnte sich hier fatalistisch auswirken, wenn die technokratische Ordnungswelt die jahrtausendelang gewachsene kulturelle überlagert und verdrängt.

Eine Japanerin spielt auf der Schamisen, dem traditionellen japanischen Saiteninstrument.

Japanische Landbevölkerung um 1900

Junge Städterin zu Beginn der japanischen Moderne

Helden im Atomzeitalter:
Den Einsatz der Freiwilligen nach der Nuklearkatastrophe nahmen west-
liche Medien als „Kamikaze von Fukushima" wahr.